DE L'ORDRE ET INSTRVCTION IVDICIAIRE, DONT LES Anciens Grecs & Romains ont vsé en accusations publiques.

Conferé à l'vsage de nostre France.

Et si on peult condamner ou absouldre sans forme ne figure de procés:

Par le Lieutenant Ayrault, Angeuin.

A PARIS,
Chez Iaques du Puys, Libraire Iuré, à la Samaritaine.
M. D. LXXVI.

A MESSIRE GVILLAVME RVSÉ EVESQVE D'ANGERS, Docteur en Theologie, Conseiller, Confesseur, & Aumonnier ordinaire du Roy.

Vant est de vous (mon Prelat) i'ay bien ceste opinion asseurée, tant vous aimez sainctement ceux qui vous reuerent & prisent, que rien ne sçauroit vous estre offert & addressé venant de nous qui ne vous soit fort agreable, & quelque impurité ou chose inepte qui y puisse estre, qu'elle ne se coule & cache parmy les graces, faueurs & voluntez bonnes dont vous auez tousiours esté & estes liberal en mon endroit. L'amitié a plus de la nature & condition du feu qu'elle n'a de l'eau. Regardez moy vn corps au fons du fleuue, il vous semble plus gros & plus massif: voyez le au contraire parmy le feu ou hault en l'air, il a façon & apparance de peu de chose. Ainsi est il de ce qui part de ceux qu'on ayme, L'amitié, qui n'est point vne affection froide & humide, se maict entre l'amy & son present, & par ceste interpositiō est cause que les grosses faultes semblent petites, &, comme ie vous ay ouy dire en riant, les incongruitez ou soleschismes semblent figures. Mais quant aux aultres qui pourront lire

cest exorde de nostre instruction & ordre iudiciaire, se formaliserōt parauãture de ce que ie dedie à vn Seigneur qui est dedie au Sainct des Saincts, matiere non seulement prophane, mais criminelle & sanguinolente: & puis aussi de quoy i'ay auancé cest' impression, & n'ay sursis iusques à ce que le second & troisiesme liure fussent parfaicts. Veritablement ie sçay bien que les Anciens tant Gentils que les nostres n'ont pas voulu que le Pontife & l'Euesque à plus forte raison eussent partie ne particule sus eux, la lãgue, la main, soit la veue ou soit l'oreille qui vint iamais à estre pollue & maculée de sang humain. Il leur estoit pour ceste occasion defendu de poursuiure accusations capitales, d'en estre iuges, d'y assister, d'aller en guerre, traicter & manier la partie de la Chirurgie (porte le Concile de Latran tenu soubs Innocence troisiesme) qui vse de cauteres & d'incisions, &, ce qui est en Aulu-Gele & en Plutarque, de toucher fer, ny voir camp ou armée preste à combatre. Et me souuient à ce propos que Pacatus en son Panegyric à Theodose voulant designer l'histoire qui est en Sulpitius Seuerus de l'accusation d'Itachius Euesque à l'encontre de Priscillianus & ses complices, du temps de S. Martin Euesque de Tours (vostre patrie) ceux qui intererant Iudiciis capitalibus, non Antistites sed satellites appellat. Mais (Monsieur) ne destournez point la teste ny vostre veue pour celà. Il ne se presentera rien en ce liure que du blanc tracé & barbouillé d'ancre. Comme la painture n'est pas le corps, aussi l'escripture n'est pas l'effaict. Que pleust à Dieu que vous ne nous (car voz Saincts liures ne mettẽt pas grande difference entre les Iuges & les Euesques, & ce mot de Religion est commun & familier à tous deux) nous n'eußiõs depuis seize ans veu guerre, crime ne sang que par les liures. Dauantage, iaçoit que noz anciens Peres trouuassent mauuais que les Gẽs d'Eglise fussent presens à voir & ouir declamer des oraisons à la louange des Dieux Paians, & que Theodotus Euesque de Laodicée excommunia pour cela les deux Appollinaires pere & fils, toutesfois, cõtre le Concile de Carthage quatriesme qui fut soubs Honorius Empereur, il a esté receu & admis long temps y a que les Ecclesiastiques pourroyent lire & estudier és liures du Gentilisme. Parquoy à plus forte raison qu'ils ne vous facent pas reietter & mespriser les nostres totalement. Si nous sommes Laiz & prophanes, nous ne sommes Gẽtils: & encores que nous parlions des peines & executions de mort, c'est pour expiation non pour offence. Et neantmoins s'il s'y lisoit quelque chose trop rude & austere, c'est l'vne des occasions au contraire pour laquelle nous vous consacrons ce Treté, affin que se meslant auec la douceur & humanité qui est naturelle à vous & à vostre estat, il perde vne partie de son aigreur, & la seuerité qui est bien souuent necessaire és iugemens, mais perpetuellement odieuse, soit par vostre interuention & intercesion aucunement adoucie. Quant à ce que nous ne vous auõs enuoyé tout à vn coup le second & le troisiesme liure, c'est (pour ne rien celer à son Euesque) que comme i'estois au bout de la transcriptiõ du premier liure, & ne pensant à rien plus qu'à cela, hormis la charge que nous auons, ie me suis trouué surpris d'vne fascherie & melancholie merueilleuse, de voir molester & ennuyer facilemẽt ceux qui en leur estat & vacation s'estudient & éforcent le plus à y faire auec mains nettes sincerement & vertueusemẽt leur debuoir:

& que les gens de bien ne les soustiennent & supportẽt point si vertement, comme les malitieux & enuieux se animent & liguent pour les fascher. Il est bien vray que à la parfin l'honneur & la victoire demeure aux bons: mais c'est auec le detriment de leur famille, & au danger quelquefois de leur personne. Si bien (Monsieur) que ie ne vous veux point nyer que ie me suis senti en moymesmes aucunement refroidy & diminué du bon courage que i'auois tant à la continuation de ces Discours, que de beaucoup d'aultres choses où i'eusse parauenture peu seruir & profiter au public. C'est mal faict, & suis faché de me voir, à l'opposite de mon inclination & volunté, laisser aller & transporter de ceste sorte. Qu'eusse-ie donc peu mieux faire, ayant encore l'enuie d'y trouuer quelque remede, sinon de ne supprimer poinct ce qu'il y auoit desia de faict, & l'enuoier auec ceste mienne confession à personnage duquel, comme disoiẽt les Apostres, Seigneur nous croions, mais augmente nous la foy, la tres-saincte, tresdocte, douce & amiable cõuersation aideroit aussi à m'arracher & deraciner ceste opinion que ie recõgnois estre mauuaise, mais que l'humeur & les meurs de ce temps arousent & nourrissent par trop? duquel les tres-Chrestiennes, treseloquentes, belles & dignes predications & remonstrances tant en public que priué m'ont ie ne sçaurois dire lequel, plus rauy ou plus consolé? Et puis si i'aperçoy que ce petit commancement vous ayt pleu (car c'est vous duquel ie parle) & semble quelque peu meriter qu'on iette & passe la veue dessus, i'ay auisé que ce me seroit pareillement vn eguillon à reprendre la plume pour vous presenter & conferer le surplus. Ie n'ay presentations ny collatiõs que celles là, que vous receurez

& admettrez si vous plaist pour gage & profession de l'honneur, seruice & obeissance que ie vous doy. d'Angers ce xxj. d'Octobre, 1576.

Vostre tres-humble & tres-affectionné
seruiteur P. AYRAVLT.

Corrections trouuees en l'Impreſſion.

Fol 2.lig.7.& à l'inſtruire ſo.7.lig.6.doibt s'oppoſer & lig. 19.& ne dirions fo.8.b.lig.6.trois parties, au fons & lig.12. apporter à l'œil fol.16.b.lig.23. eu le moyen de rien tellement fo.22. b.lig.6.oubliez & laiſſez aller fo.25.b.lig.25.il y arriua coup. fo.36.lig.4.Plautien ne faillit pas fo.44.lig. 27.pourroyent ils condamner fol. 41. lig.23. paſſé auparauant nous fo.31.b.lig.5.qui n'en deuoyent.

DE L'ORDRE ET INSTRVCTION IVDICIAIRE, dont les anciens Grecs & Romains ont vsé en accusations publiques,

CONFERE A L'VSAGE de nostre France. Par le Lieutenant Ayrault Angeuin.

QVand on a laissé à Rome le tiltre & le nom de Preteur à celuy qu'ils appelloyent le Preteur de la Ville, & aux autres Preteurs qui auoyent la cognoissance & la punition des crimes, on a adiousté ceste qualité plus significatiue, les appellans *Quæstores* ou *Quæsitores* : & oultre celà, quand les Romains donnoyent & appliquoyēt ce nom de Iuge à personnes priuees, qui à l'absolution ou condemnation disoyent par deuant les Preteurs leurs opinions & aduis, & non pas les Preteurs ou Questeurs mesmes, comme nous dirons ailleurs plus amplement : Ils ont exprimé & baillé à cognoistre mieux, ce me semble, que tous autres peuples & nations ce en quoy gist principalement la vraye function & office du Iuge, à le prendre celon que nous en vsons pour le iourd'huy. Car par le seul argument & coniecture des noms, ils ont voulu dõner à entendre qu'à faire le proces d'vn accusé, la plus noble, & difficile partie, & laquelle importe le plus, c'est l'instruction & inquisition: quant à iuger, qu'il n'y a rien si aisé à qui a tant soit peu d'experience, de probité, & de bon & clair entẽdemẽt. Car tout ainsi qu'à ouyr vne armonie, celuy mesme qui n'entend rien en la musique, moyennant toutesfois qu'il ayt vn esprit capable de ciuilité & humanité, peut biẽ iuger de celle qui est la plus rude ou la plus doulce: mais de dresser & composer ceste armonie & faire discretion des tons & demytons, c'est l'office du Chantre: ou comme chacun peult bien encores fort aisement iuger d'vne paincture, d'vne poësie, d'vne oraison, si ce n'estoyent gens trop rustiques, & bien en la malegrace des muses: mais de discerner les couleurs, les mesures & les figures, les bien mesler & aranger, & finalement rendre l'œuure parfait pour estre mis à la vuë & aux aureilles de tout le monde, c'est le faict du Paintre, du Poëte, & de l'Orateur en chef: aussi le poinct d'vne accusation quand il a esté recherché si dextrement qu'il ne reste qu'à le mettre & proposer en vne Chambre, il est aisé à ceux qui assistent au iugement, d'opiner à absolution, s'il n'y a point de preuue, à condemnation, s'il y en a ou si la matiere est obscure, de prononcer *non liquet*, & dire que les parties serōt ouies plus amplement. & pourtant les Romains ont facilement laissé ceste partie là à personnes priuees. Mais de rēdre ceste accusation en estat de iuger, & l'instruire y aporter telle prudence, telle discretiō, telle equité & auctorité qu'il n'y ayt rien obmis de la formalité & solemnité qu'y desirent les loix: y vser de la diligence & dexterité, qui est requise à discerner la fidelité ou preuarication & calomnie d'vn demandeur: la simplicité ou rusee façon d'vn accusé, sa constance ou inconstāce, sa couleur, son visage: quād aux tesmoings, leur grace, leur parole tremblante ou asseurée, les friuoles ou bonnes & apparentes raisons de leur dire: de rechercher exactement ce *cui bono* de Cassius: & au surplus tenir la main roide à ce que toutes personnes qui ont à voir & exercer function & ministere en ce qui depend de l'accusation, n'excedēt leur charge & leur debuoir: brief, de regir & conduire cest acte & procedure iudiciaire, où il va de la vie, de l'honneur, de l'estat, & condition tant de nous que des nostres: ce sont veritablement choses de tel poix, & de telle consequence, majesté, & auctorité, qu'elles ne se peuuent commettre qu'au magistrat qui à le serment à la Republique, qui represente le Prince, & qui est instalé & preposé pour cest effect. On en peut voir & considerer tout autant au maniment de la guerre. par ce que la desconfiture, & decision des batailles viēt de la main des soldars & hōmes d'armes disposez & ordōnez pour combatre: mais le principal depend de l'ordre & disposition du camp, de l'heure & de l'occasion: choses qui sont en la preuoyance, experiēce, & reputation de celuy qui cōmande. Il est bien vray toutesfois, comme il y a differen-ce entre soldars, & qu'vn bataillon dresse d'infanterie Macedonienne, de Thebes, ou de Sparte tranche bien mieux, & met à fin plus duremēt le combat, qui est à departir entre les chefs: que pareillemēt les Romains iaçoit que leurs iuges fussent personnes priuees, ne les elisoient par chacun an du nombre de tous leurs citoyens, mais seulement de ceux qui estoyent de l'ordre des Senateurs, ou de l'ordre des Cheualiers, & par fois des gens du thresor ou de l'epargne, pour monstrer par mesme moyen combien & l'instruction & le iugement se doiuent commettre à personnes graues, d'honneur, de suffisance & de biens. De sorte que si Antoine, à ce propos, se monstra apres la mort de César fort ridicule, d'auoir fait & proposé loy pour communiquer ceste puissance & auctorité de iuger, (où consiste l'vne des principales parties de la chose publique dit Ciceron) à des Centeniers, Hargoulletz, & Auancoureurs: & qu'ils estimassent à Rome vne grāde honte de dresser des Decuries de telz iuges, que Cicerō en ses Philipiques appelle *Antesignanos, Manipulares, & Alaudas*: nous pouuons de là prendre argument, si l'establissement de tant de Iuges subalternes, & de robe courte, est vtile & honorable en nostre Frãce. La plus part d'eux *an sciunt Latine loqui? an leges nostras mores sue norunt*? Et puis que les vns font gloire de dependre plus tost de la guerre & discipline militaire, que de l'estat & ordre iudiciaire (choses separees en France) l'institution de soy en est encores plus dangereuse que peu honneste, de donner puissance de la mort & de la vie, de l'hõneur & des biens à personnes qui pour paruenir à ceste charge, sont dispensez d'auoir aucune literature, experience, ny autre façon & contenance que d'vn assez mauuais gendarme. Car bien qu'il semble que les ordonnances & cours souueraines y ayent voulu apporter quelque remede disposant de la solemnité que l'on est tenu guarder à definir les accusations qu'ils auront instruites : toutesfois puis que la plus necessaire & plus difficile partie, & en laquelle il y a plus d'interest & de danger, qui est l'instruction (comme nous auons dict) leur demeure, l'abus & l'inconuenient demeure. Ie ne parle point des officiers, mais de l'office. Quand l'establissement en est mauuais & dangereux, cõme des dix hommes à Rome, ou plus empeschant que proffitable, comme de leurs Tribuns du peuple, il le faut oster totalement: ou s'il est necessaire, mais ce neantmoins subiet à incõueniẽs & abus ordinaires, tout ainsi qu'vne riuiere limoneuse ou sabloneuse qui charroye plus d'encombremens qu'elle n'apporte de nourriture ou de voiture, il la faut curer & balloier souuent: aussi par edicts & ordonnances il faut brider & refrener à toutes heures l'auctorité & la puissance de tels estats, comme fist Sylla celluy du Tribunat qui luy osta *iniuriæ faciendæ potestatem, ferendi auxilium reliquit.* Mais pour reuenir à nostre premier propos, & aprocher en ce faisant de ce que nostre intention est de tretter en nous desennuyant pendant ces troubles & briguadages publics, ou pour la corruptiō & desobeissāce qui est en tous estats, nous ne pouuōs plus autremēt profiter au public en la charge que nous y auōs: l'instructiō, l'ordre & procedure iudiciaire certes est d'aultāt plus la principale & necessaire partie au faict & maniment de la Iustice, que l'ordonnance & discipline és expeditions de la guerre, (combien que tātost nous fissions comparaison de l'vn à l'aultre) que quand ceste forme & disposition manqueroit en vne armee, ce non obstant les exploicts qui en ensuyueroient ne laisseroient pas de porter le nom & effect de la guerre, & mesmes de bien reüssir quelquefois selon la fortune & le bōheur du Capitaine. Mais en la Iustice, qui est l'vne des principales vertus, voire celle qui contiēt toutes les autres & dont tout le monde est capable, disoit Protagoras, on n'y sçauroit faillir tant soit peu, y delaisser & obmettre la moindre forme & solénité requise, q̄ tout l'acte ne vint incōtinent à perdre le nom & le surnom de Iustice, de Droict & de raison; prēdre & emprunter celuy de

Force, de machinatió, ou voire mesme de cruauté ou Tyrãnie toute pure. La raison est, que tout ce qui est posé au milieu, s'il decline tant soit peu de son nombril ou se foruoye de sa droite ligne, il est desormais toute autre chose que ce qu'il estoit pendant qu'il demeuroit en son estre & proportion naturelle. Mais c'est oultre celà, que Iustice n'est proprement autre chose que formalité & ceremonie: sinon que ce mot de ceremonie apartienne plus tost à la Religion, qu'au Palais. Pour le monstrer, quel interest y auroit-il aultremẽt que ie me fisse droict & Iustice à moymesmes, ou que ie l'attendisse d'vn autre? & que cest aultre fust plus tost vne personne publique qu'vne personne priuee? & s'il est requis & necessaire que ce soit vne personne publique, quel grand interest y auroit-il si seroit du temps qu'il a vn huissier marchant deuant luy, qu'il est seant en lieu plus eminent, qu'il est vestu de sa longue robe & porte les marques de sa dignité: ou bien lors qu'il seroit seul, qu'il se proumeneroit pour passer temps, & seroit vestu d'vn manteau ou robe de chambre? qu'aporteroient ces differences à la nature & substance de l'acte, sinon que la formalité est autant ou plus que la chose? N'est-ce pas vn merueilleux cas de tenir pour maxime en Droict, *Quod etiam iniquè decretũ est, ius est*? & toutefois cela ne viẽt sinon de ce que l'affaire aiãt passé par les solẽnitez qu'elle doibt, la forme est desormais plus que le fõs. Quãt aux punitions des crimes, ce qu'Isocrate dict à l'encontre de Loſcités, & Tiro le libertin de Cicerõ en Aulu-Gelle parlant de la cauſe des Rhodiẽs, n'eſt-il pas tres certain & veritable en ſoy, que ſi on pouuoit preuenir le crime & lire au cœur de ceux qui ſe preparent à mal faire, ce ſeroit plus vtilement faict de les punir auparauant la faulte du tout commiſe, & par ce moyen ſauuer & preſeruer celuy qu'ils vont tuer ou violer, que de courrir aux remedes apres le coup? Ouy: mais ce ne ſeroit pas iuſtice. car ſelon ſon ordre, ſelon ſa formalité & ceremonie, il faut que le crime aille deuant, la peine aprés. de façon que voilà qu'en mettant ſeulement bout pour bout, & deuant derriere vne meſme choſe, eſt tantoſt iuſtice tãtoſt iniuſtice. Voyons plus oultre. Celuy qui a griefuement delinqué en pleine foire, au milieu d'vn Palais, à la vuë meſmes des Iuges, & celuy qui eſt trouué ſus le faict, que n'eſt-il de là & tout incontinent mené & conduict au ſupplice? eſt-il moins vray qu'il a failly ſ'il n'eſt premierement ouy, ſes reſponſes miſes en vn Greffe, & ſi on ne luy confronte teſmoins, euſt il recogneu & confeſſé le meurtre? non: mais ce ſeroit force & violence, non pas Raiſon & Iuſtice. C'eſt dõc comme d'vne monnoye publique: tant que l'image & forme du Prince y eſt, c'eſt monnoye, dont l'authorité vaut plus que l'or. oſtez l'image, ce n'eſt deſormais qu'vne maſſe & rien plus, ainſi eſt il de la iuſtice, qui en oſtera l'ordre. Or puis qu'il n'y a point de doubte que ceſt ordre & formalité de la iuſtice giſt & conſiſte en l'instruction, & que les loix Iudiciaires des anciens nous ont plus curieusement prescript & remarqué celle qui touche les crimes : par ce qu'és matieres ciuiles le public & le particulier n'y est point si grand. De faict aussi les Preteurs du temps de la Republique de Rome ne se reseruoyent guere à eux mesmes la cognoissance des causes ciuiles : ains la commettoyent à personnes priuees, qui s'appelloyent lors *Recuperatores*, comme n'estimans pas que ce fust matiere assez digne pour eux que d'employer leur audience à decider d'vn chemin, d'vne debte pecuniaire, d'vn contract, d'vn testament, ou de quelque recours, euiction & guarãtage formel. Quãt au Senat & au peuple mesmes, si par dessus leurs functions ordinaires, l'vn du maniement de la guerre & des finances, l'autre de la creation des Magistratz & ordonnances des Loix, ils entreprenoyent aussi de vouloir eux mesmes cognoistre du fait de la Iustice, ce n'estoit que lors qu'il estoit question de quelque grand cas & crime aduenu en la Republique, & où il y alloit de la vie & de l'honneur d'vn citoyen Romain. Car mesmemẽt si ce n'estoit que quelque delict priué & pecuniaire, les Preteurs & Magistratz criminels, que nous auons appellé *Quæstores*, ou *Quæsitores*, deleguoient semblablemẽt telles causes, & en faisoient comme le *Prætor Vrbanus*, des matieres ciuiles. Mais quãt aux crimes publics, aux grandes & graues accusations, les Preteurs n'en commettoyent ny pouuoyent commettre à aultruy la cognoissance & iurisdiction : les parties estoyent ouyes en leur presence, le procés s'instruisoit deuant eux, ils presidoyent aux iugemens, les donnoyent & prononçoient eux mesmes. Et si est biẽ à remarquer en cest endroit que les Romains n'vsoyent pas seulement en Ville de ces manieres de proceder, mais pareillement és Prouinces & en la guerre. Car le Cõsul ou Proconsul, le Preteur ou Vipreteur, le Tribun ou aultre qui commandoit, auoit bien ses Legats & Lieutenans pour iuger des matieres ciuiles: mais quant aux crimes, quant à ceste grande puissance qu'ils appelloyent *Ius gladij*, ils ne la pouuoyent donner à aultre: & ne faisoyent pas cõme font nos chefs & Capitaines de guerre, qui pour faire & administrer Iustice en leurs armees trainẽt à leur queue quelque failly Preuost ou Lieutenant mal experimenté, mais l'administroyent eux mesmes, tesmoing ce qu'en escrit Gellius tout au commencement de son septiesme liure, parlant de l'audience que tenoit Scipion l'Africain faisant la guerre en Hespagne: tesmoing l'accusation de Turpilius, dont congneut le Consul Cecilius Metellus faisant la guerre en Afrique contre le Roy Iugurtha, & lequel à la pluralité des voix il fut contrainct de condamner à mort, comme recite Plutarque en Marius. Pour le regard des Atheniens, il est certain qu'ils en vsoyent tout de mesme, c'est que les matieres ciuiles, ils les terminoyent par arbitres : mais du crime public c'estoit ce grand Senat d'Areopage, c'estoit le peuple seul, qui en congnoissoit. & en la guerre ils faisoyent comme les Romains, si plus tost les Romains ne faisoyent comme les Grecs. Car le mesme Plutarque en la vie d'Agesilaus monstre suffisamment par les trauerses & contradictions que dōnoit à tout propos Agesilaüs à Lysander, que c'estoit Agesilaus luy mesme qui iugeoit en son camp, non pas quelque Preuost ou Vibailly. Mais qui le dict plus ouuertement que Ciceron en l'oraison pro Cæcina? *omnia iudicia aut distrahendarum controuersiarum, aut puniendorum maleficiorum causa reperta sunt: quorum alterum leuius est, propterea quòd & minus lædit & persæpe disceptatore domestico diiudicatur. alterum est vehementissimum, quod & ad grauiores res pertinet, & non honorariam operam amici, sed seueritatem iudicis ac vim requirit.* Parquoy (comme nous disons) puis qu'ainsi est que l'ordre & formalité iudiciaire gist en l'instruction de la cause, procedure, & contexture: que l'instruction criminelle est la plus noble: & quāt à celle, dont nous vsons pour le iourd'huy qu'il m'a semblé plusieurs fois, pour ce peu d'experience, que i'y puis auoir acquis, qu'il s'y faisoit beaucoup de fautes par mespris ou ignorance de l'antiquité: i'ay deliberé pour ce coup de traicter & esclaircir ceste partie de la matiere criminelle: ioinct qu'il est bien raisonnable, puis que voyant en vn procés, la premiere chose que demande celuy qui y preside, est, Si le procés est instruict, & s'il est en estat de iuger: que le iugement aussi est aucunement arbitraire, mais l'instruction est de necessité & de la Loy : c'est bien raison si nous voulons à loisir traicter de tout ce qui depend des crimes, que nous commancions par ce poinct là: veu mesmement que c'est aussi par où les accusez commancent à guaster & diuertir le fil & le cours de la Iustice, quand par toutes les ruses, chiquaneries, & moyens licites ou illicites qu'il est possible ils se donnent de guarde que l'instruction de la cause prenne son traict. Car si vne fois elle estoit faicte & bien faicte, le cerf est aux fillez, comme lon dict, & est necessaire quelques recusations, appellations, prises à partie, argumentations de faux, euocations, lettres que lon puisse auoir ou derober, que le procés soit terminé tost ou tard, en vne Cour ou en l'autre. L'instruction c'est l'ame du procés. Mais tout ainsi qu'és ieux Olympiques & spectacles des anciens gladiateurs & escrimeurs à oultrance, ce n'estoit pas le tout de supplanter & ferir son aduersaire en quelque maniere que ce peust estre par trahison, finesse, ou bonne guerre, disoit Chrisippus le Philosophe: ains debuoit on guarder les regles des Hellanodiens & Maistres qui y presidoyent: aultrement tant s'en failloit que l'honneur & le pris se donnast à ce vaincueur, qu'il s'adiugeoit au contraire à celuy qui auoit esté malitieusement vaincu: aussi l'accusé qui est en Iustice, *& quem accusator, veluti athleta, manu consertum vocat*, doibt parer les coups & se defendre par les regles de la Iustice mesme. Que s'il veut vser de voyes obliques, cõme l'escrimeur de faulses armes ou aduantageuses, le Iuge qui est par dessus, & tenãt lieu de parain pour l'vne & l'autre partie (l'Empereur Cõstantin l'appelle *medium inter reum & actorem*) doibt supposer à celà, & y employer son auctorité & sa puissance. Or parauanture que du discours que nous voulons donc commencer icy par l'instruction, ceux qui auront enuie de couper à bon esciant ce neud de Chiquanerie qu'ils estiment indissoluble, & par le moyen duquel la plus part de tous les crimes sont veritablement impunis, y pourront recueillir quelque expedient assez propre & conuenable. Que dirons nous donc premierement? est-ce que pour instruire vne accusatiõ, il fault informer du faict, interroguer l'accusé, luy amener de la preuue, & celà faict, iuger la cause, & prononcer de viue voix, ou par escript son iugement? nous ne dirõs rien de nouueau en celà, ne qui fust bien à noter en la façon & maniere des anciens. Car ie n'ay point de souuenance que nation aucune en ayt autrement vsé: s'ils ont voulu proceder par iustice, qu'ils ayent iugé de l'innocẽce ou de la charge d'vn accusé sans luy auoir guardé ceste forme de l'ouir en ses defenses, & s'il denioit, sans le conuaincre premieremẽt par tesmoings ou par representation & recognoissance de lettres, & escriptures. Que lon considere tous iugemens, qui ont iamais esté à Rome soubs les Roys, cõme celuy de Marcus Attilius Duumuir, pour auoir permis à Petronius Sabinus homme priué & de condition Plebeienne de doubler & prendre copie des saincts & sacrez liures : soubs les premiers Consuls, comme celuy des propres enfans & nepueuz de Brutus & de Collatinus: sous la grande fleur de la Republique, comme ceux de Lentulus & de Milo: soubs les premiers & plus reculez Empereurs, comme infinis iugemens, que rapportent Cornelius Tacitus, Ammien Marcellin, Procopius, Agathias & aultres: quant aux Grecs & Macedoniens, comme les iugemens d'Alcibiades, de Philotas : on y trouuera tousiours ceste façon & maniere de proceder: mesmes iusques aux procés & iugemens Domestiques, qu'anciennement les peres faisoyent à leurs enfans, les maris à leurs femmes, & les maistres à leurs esclaues, comme le procés faict à Strato par Sassia sa maistresse, que Cicerõ recite en l'oraison *pro Cluentio :* le iugement que fist Lucius Torquatus de son fils accusé par les Macedoniens, quand apres auoir ouy les deux parties l'espace de deux iours entiers, & employé le troisiesme à l'audition & confrontation des tesmoings, il prononça ceste sentence seant en sa maison que rapporte Valere, *Filium non talem videri fuisse in imperio, quales eius maiores fuissent:* cõme le procés qui est en Seneque que fist Tarrius à son fils qui auoit voulu attenter à sa personne, au iugement duquel Auguste César assista en la maison de Tarrius comme priué, & n'y presida pas comme Empereur : tesmoing aussi la femme de Plautius qu'on appelloit Pomponia Græcina, à laquelle du temps de Nero le mary fist le procés *prisco instituto*, dict Cornelius Tacitus en ses Annales. Que si nous ne voulons point mespriser la forme & procedure aussi des Iurisdictions Ecclesiastiques, soit du temps du Paguanisme és procés que faisoyent les grands Pontifes de Rome aux Religieuses de la Deesse Vesta, pour inceste: ou du temps du Christianisme és Conciles generaux & Prouinciaux, comme à Athanase, à Dioscorus Euesque d'Alexandrie, à Ibas au Concile de Calcedoine, & à tous les heretiques qui ont esté: il se trouuera qu'on a suiuy ceste pratique. Et à la verité il semble qu'elle est naturelle, & consequemment commune à tous les hommes, qu'vn accusé soit ouy & que les tesmoings qui le chargent soyent amenez deuant luy pour soustenir face à face le faict & crime dont on l'accuse, à fin que s'il a quelque chose à dire contre eux, il le die, & que les tesmoings recongnoissent celuy, contre lequel ils veulent parler. Car s'ils deposoyēt faussement, ou qu'ils se trompassent eux mesmes en prenant l'vn pour l'aultre, tout ainsi que fist celle qui au Concile des Arriens accusoit torcionnerement ce grand Athanase de l'auoir violée, prenant Timothée son Diacre pour luy: ou cōme fist le gendarme, lequel chargoit & accusoit de conspiration Valerius Asiaticus du temps de l'Empereur Claudius, dont parle Dion en son septiesme liure, lequel prist à la confrontation vn pauure homme tout chauue estimant mõstrer Asiaticus: comment se congnoistroit il autrement qu'à la representation des tesmoings aux accusez? Celà doncques ne seroit non plus notable à remarquer que qui diroit seulement, qu'vne maison gist & consiste en trois parties, fons, és murailles, & à la couuerture: ou l'art des paintres, au tableau, és couleurs, & au pinceau. Car toutes nations ont basty, & en tous tẽps il y a eu des peintres. Mais ce qu'il y auroit de beau à traicter en celà, seroit de represẽter & apporter de l'œil force structures & protraitures des Anciẽs pour en prẽdre de toutes ensemble vne modelle & vn patrõ exquis & tresparfaict: aussi ce q̃ nous auons à voir, est de sçauoir la forme que guardoiẽt les Anciens à former vne accusation, à faire & parfaire leurs preuues, la maniere de ouir & interroger les parties & les tesmoins, si c'estoit en public, ou secrettement & à part: qui estoient les Iuges, comme on en conuenoit, s'ils se pouuoient recuser & en quelle sorte, comme ils opinoient & prononçoient, en quel estat estoit l'accusé durant ces procedures, & ainsi des aultres formalitez requises: à fin que s'il y a de la faulte en l'instruction, dont nous vsons pour le iourd'huy, nous la corrigiõs à l'exemple de noz Maieurs, & en trouuions vne parfaite & acomplie, que les destours & cauillations des peu hõnestes Pratticiens & Aduocats ne puissent corrompre. Puis que c'est donc le lieu que nous voulons frayer & battre pour le present, voicy

l'ordre

l'ordre & le chemin que nous deliberons de suiure: premierement c'est de refourcher contremont, & voir si à l'opposite en delaissant toute instruction, forme & formalité iudiciaire, on peult aucunefois punir ou absouldre: secondement sera de reprẽdre le droit chemin & discourir là de l'instruction tant ancienne que nostre, quand l'accusé se trouue present, estant, & obeissant à droict: Celà conclud, nostre intention est de monstrer comme se faisoient anciennement les proces par cõtumace: si la comparution personnelle les pouuoit mettre au neant: comme on accusoit la Memoire, le cadauer, les cendres, les statues ou les images, & qui plus est, les bestes brutes & autres choses insensibles & inanimees: & finalement quelle estoit & est encores auiourd'huy la façon d'y proceder. Il n'y aura riẽ en tout cela ce me semble de trop commun & triuial au Palais. Car ces parties sont tellement distinguees, qu'on pẽseroit de prime face qu'en la premiere nous entreprenõs à combatre pour vne iniustice: en la seconde, pour des formalitez seulement: & en la tierce, pour vne sotise & inhumanité, de faire le proces à vn corps mort, à vne beste, à du fer, & à du bois, comme il estoit ordinaire entre les Grecs, de sorte que nous aurions bien affaire de la gentilesse & bon entendement d'vn Carneades, qui estãt à Rome Ambassadeur pour la cause des Oropiens Grecs, disputa auec telles raisons pour & contre la iustice, qu'il laissa en doubte à la ieunesse de Rome, lequel estoit plus expedient à la Republique, valoir & profitoit le plus à la conseruation & augmentation d'icelle, la Iustice ou iniustice. Et veritablement traictant du premier & dernier poinct, ce n'est pas és regles d'vne commune prattique & stile ordinaire que nous entrons: c'est és plus hauts secrets & mysteres de Droict, consequemment chatoüilleux & delicats. Car n'y auroit pas danger de prime face, si le souuerain Prince ou Magistrat alloit prenant trop à son auantage ceste consideration de sçauoir, s'il peult aucunefois punir vn ou plusieurs de ses subiets ou citoyens sans les ouir? Mais comme il n'y a viande tant bonne ou mauuaise soit elle qui ne vienne à patir ou agir en nous vne operation contraire, selon qu'elle est bien ou mal deguisee & assaisonnee: aussi esperons nous si soigneusement munir & fortifier la maxime & propositió vniuerselle, Qu'il fault ouir premier que iuger ou executer (car c'est l'vne des principales parties de l'instruction) que l'exception s'il y en a, sera prise de tous si reseruément, & auec telle peur & defiance, qu'on en aymera parauenture mieux le sçauoir que l'vsage. Nous esplucherós donc la maxime premierement, & monstrerons qu'elle est si naturelle, si raisonnable, si conforme à tous les droicts, que ce seroit violer tout le monde & renuerser le ciel & la terre que d'en vser aultrement. Et apres celà, si, comme en la nature il aduient rarement, mais naturellemét aussi quelque chose contraire à elle mesme qu'à ceſte heure là on admire plus toſt que l'on ne priſe:il arriue auſſi en mille ans vne fois qu'il faille peruertir l'ordre,&faire le procés apres la peine: nous diſputerons icy par quelles raiſons celà ſe peult lors aucunement excuſer & tolerer plus toſt pour le paſſé, que le tirer à exemple & conſequance pour l'aduenir. Et neantmoins ſi nous en trouuions encore quelque precepte, nous le mettrions au nombre de ceux que la Loy faict pour indirectemẽt venir à ce qu'elle ne veult & prohibe,par ce qu'elle dict & prononce ouuertement. comme quand elle a donné puiſſance au pere de tuer ſa fille trouuée en adultere, elle l'a faict pour oſter à la femme le penſement & volonté de faire mal:& n'a point craint toutesfois d'vn aultre coſté de le permettre,le permettant à celuy qu'elle a eſtimé ſelon nature qu'il ne le pourroit ne voudroit faire: comme quãd la Loy des Douze-tables dehachoit & partiſſoit comme vn mouton ou victime entre les creanciers le debteur qui faiſoit banqueroute, ce n'eſtoit pas qu'elle vouluſt iamais voir ceſte cruauté & inhumanité (auſſi n'auint elle onques à Rome) mais pour empeſcher les hommes de ſ'endebter legeremẽt,ou les induire aprés celà de guarder leur credit,leur ſerment & leur parolle: cõme pour donner vne frayeur aux peres de rien attenter contre la Republique, elle les menaſſe de ne les punir point ſeulement, ains leurs femmes & leurs enfans qui n'en peuuent mais: & tels autres cas ſemblables,dont ſeroit ceſtui-cy.

Car quelle plus grande tremeur pourroit la Loy ietter au cueur de l'homme pour le reuoquer de ses pernicieuses entreprises, quand tous aultres remedes communs n'y peuuent rien, sinon que toute audience luy sera deniée,& qu'il sera plus tost puny sans y penser, que pris & mis en Iustice? Parlons donc premierement de nostre iustice directe, & puis nous traicterons de ceste iustice vtile & indirecte: ou si plat & net nous l'appellons iniustice, ce sera à voir, si comme d'vn faux & mauuais ton mis entre deux ou trois autres bons à l'oreille on peult tirer vne armonie bien accordante: nous pourrons tout de mesme soubs plusieurs belles, iustes & viues raisons en couler ou pardõner vne mauuaise. Nous disons que ceste formalité d'ouir les parties, & principalemẽt vn accusé, premier que leur faire droict, sourd d'vne Loy qui n'est point la Loy des Ægyptiens, des Perses, des Macedoniẽs, des Grecs, des Romains, de nous aultres François, ny de quelque nation qui soit au monde, qui ayt esté ou qui sera iamais à l'aduenir: combien que Halicarnasseus recite en son troisiesme liure, qu'entre les Loix Royales (qui furent les premieres & plus anciennes de Rome) y auoit Loy particuliere, qui defendoit soubs grandes peines de condamner homme quelconque sans l'auoir ouy au prealable. c'estoit ce qu'on alleguoit de plus pregnant à Marcus Horatius, qu'estant homme priué il auoit tué sa seur de son auctorité seule: au lieu que si elle auoit cõmis & perpetré faulte en deplorant & prenant mal en gré la victoire que Horatius son frere venoit d'auoir sus les ennemis de la Republique, il la debuoit accuser, & non pas faire & entreprendre plus que le Magistrat, qui ne pouuoit pas luy mesme sans congnoissance de cause decider de la vie ny des biens de ses citoyens. Car pour auoir esté ceste loy faicte à Rome ou en la Grece (d'Athenes, Plutarque en dict autant en la vie d'Aristides: de Lacedemone, en la vie d'Agesilaus) il ne s'ensuyt pas qu'elle leur fust cōme ciuile & municipale. car il est des Loix comme des fleuues. pour considerer quels ils sont, on ne reguarde pas les cōtrees par où ils passent, mais leur source & origine. ainsi est il de la Loy. Si elle est prise des meurs & façons de faire d'vn seul pays, elle est ciuile & particuliere à ce lieu là: mais si elle est peschée en ceste grande mer & fontaine de Nature, iaçoit qu'vne ou plusieurs nations luy ayent donné cours & chemin par sus leurs terres, elle est tousiours naturelle & commune, non bourgeoise ny habitande d'Athenes ou de Lacedemone. Brief, tout ainsi que le feu est chault à Rome, & entre les Perses: aussi la Loy d'ouir vn accusé, & de luy faire & parfaire son procés au parauant que le iuger ou executer, est Loy par tout: d'autant que son origine procede d'vne droitte & perpetuelle raison, d'vne lumiere née & diffuse auecque nous & par tous nous: qui ne changea & ne changera oncques: dont le commancement n'est point du temps qu'elle fust escripte & mise en tables, mais dés ce qu'au cerueau de Iupiter fut eclose Minerue, c'est à dire la Raison & la Iustice, ou, pour en parler çelon nostre Religion, dés le commãcement du monde. Car ce n'est pas pour aultre raison qu'aprés que le premier homme eut failly, Dieu l'appella, & feignant ne le voir point, luy demanda, Où és tu? sinon que pour nous instruire à son exemple qu'il ne fault condamner homme tant coupable soit il, sans luy donner lieu & temps pour se defendre: & nous monstrer pareillement que les Loix que nous appellõs naturelles, à mieux parler, sont plus Diuines que Naturelles: par ce que c'est Dieu qui a donné cest instinct, ce sens cõmun, ceste discretion de iuger ce qui est bon & iuste de soy. Si bien qu'il n'y a pas grande difference à dire. quand nous venons à faire chose contraire à ceste raison, à ce iugemẽt & discours naturel, si c'est Dieu, ou la Nature que nous auõs sciemment ou imprudemment violée. Or ce qui est bon & équitable de soy & en soymesmes, nõ point par interpretation des Iurisconsultes, ou consequance de l'vn à l'autre, est perpetuellemẽt & entre toutes nations vn & conforme à soy, c'est à dire, bon & equitable. comme la Religion vers Dieu, la Pieté à l'endroit des Peres & Meres. L'amour & dilection à nos enfans, rendre le depost, n'estre larron ny adultere: ce sont poincts & articles, que pour les persuader & faire croire à tous peuples, il ne fault point enuoyer çà ne là Orateurs ny Ambassadeurs. Car tout ainsi que ce n'est par engins ny artifices qu'icy & aux Antipodes toute chose pesante rue & decline en bas, mais par vne proprieté qui luy a esté donnée & infuse vniuersellement: aussi à mesme clin d'œil que l'homme a esté basty d'vn esprit & entendement raisonnable, il a senty en luy ces resolutions & capitulations de raison, Que telles choses sont necessairement bonnes, telles mauuaises, & les aucunes doubteuses & indifferentes. consequemment comme il n'y a force ny alteratió qui puisse oster ce naturel à la pesanteur & legereté, ou faudroit qu'il ensuyuist vne dissolution & demambrement de l'Vniuers: qu'à sẽblable ce qui est de Droict Naturel ne se peult rauir ny oster que ce ne fust violer & offencer toutes les Nations, & se concilier, comme pour expier & purger ceste offence, la guerre, la haine & l'inimitié de tout le monde. Nostre Loy, de ne condamner sans congnoissance de cause, & sans ouir l'accusé, est du sang & de la famille de celles là. Pourtant s'escrie Diodotus en Thucydide contre Cleon, quand il persuade la reuocation du piteux & cruel iugement que les Atheniens en cholere auoyent donné contre les habitans de Mytilene, aprés qu'ils se furent rendus à eux, que ce iugement là ne se pouuoit soustenir par ce qu'il auoit esté donné sans les ouir: Ciceron contre Verres, qu'en condamnant son hoste sans l'auoir faict citer ny appeller, monstroit en violant la nature, qu'il estoit luy mesmes tout denaturé, & veritablement plus *verros*, c'est à dire, porc & beste brute, que homme le plus sauuage fust-il. C'est pourquoy quelque puissance & auctorité de la vie & de la mort que les Romains contreuenãs se sembloit il à la Nature, eussent donné aux peres sus leurs enfans, ne voulurent pas toutesfois faillir en cest endroict, qu'ils les pussent tuer *inauditos* (dict Vlpien) comme si celà estoit plus contre nature & plus detestable que l'aultre. c'est pourquoy le Pape Clement cinquiesme blasme & reprent Henry l'Empereur de l'estrange façon dont il auoit vsé vers Robert Roy de Sicile à le priuer de son Royaume, le declarant rebelle & crimineux de lése majesté par sentence & iugement donné contre luy non ouy, non defendu : & pour ceste seule raison casse & declare nul tel iugement, par ce que, bien (dict il) que Robert fust son subiect (qui n'estoit pas) il ne luy pouuoit auoir osté ce qui estoit du droict naturel, c'est de l'ouyr, & l'ouyr en lieu seur : & faisant le cõtraire il auoit en tout euenement plus erré que Robert. Car si ce Roy de Sicile auoit failly, ç'auoit esté vers l'Empereur, & non aultre : mais l'Empereur auoit forfaict contre toutes les Nations du mõde qui ont ce droict, cóme vne ligue offẽsiue & defẽsiue iurée & stipulée entre eux, *Audi partẽ*. Or il suffiroit d'auoir posé & articulé ceste Regle sans y apporter aultres raisons pour l'induire & faire croire à tout le monde. car elle se recommande & persuade de soy. Si tost qu'elle est mise en auant, nous sommes contraincts de baisser la teste, confesser & auouer qu'elle est vraye, qu'elle est vtile & raisonnable: tout ainsi que des propositions & demonstrations de Mathematique, c'est plus de hôte de les nier, que d'esprit & d'entendement de les comprendre. Toutesfois par ce que nous sommes venus en vn temps où l'on faict doubte de toutes choses, & où la curiosité, ie n'ose dire l'outrecuidance & arrogãce, est tellement debordée qu'elle voltige iusques aux cieux & au delà: nous tascherons d'adiouster de la lueur à la flamme, & monstrer par raisons naturelles & politiques, que nostre Loy d'ouir vn accusé, est des naturelles Loyx: consequemment de celles qui sont (dit Platon) immobiles, & pourtant aussi sacrées & inuiolables. Nous ne nous arresterons point à la premiere, par ce que nous l'auons desia suffisamment touchée, qui est le iugemẽt & cõsentemẽt vniuersel. Qui voudroit dire q̃ la Loy qui a passé par tels suffrages, qui a esté leuë & receuë és Comices d'vne si grãde Cité, ne fust tiree du sens de la Nature mesmes? où est le Tribun du Peuple, le Procureur General, le Syndic, ou le particulier qui se soit iamais opposé à ceste loy? Caius Gracchus au cõtraire tant remuant fust-il, fist ordonner à Rome que tout Iuge, qui en punissant vn citoyen Romain auroit passé par dessus ceste instruction si naturelle, les Tribuns du Peuple prendroient la cause en main, & le conuiendroient par deuant le Peuple comme coulpable de Perduellion ou sacrilege. Brief, comme il est necessaire d'acquieſcer à ce qui a eſté conformément iugé par vne premiere, deuxieſme & troiſieſme ſentéce: & qui en appelleroit encores oultre celà, il le faudroit certeinement chaſtier: quand auſſi trois ſi grans diuers Iuges, tous noz MAIEURS, nous, & noz Succeſſeurs de quelque nation qu'ils ſoiēt, ont loué loüent & louëront ceſte Loy, qui eſt-ce qui auroit le ſens tellement peruerty & deſpouïllé de l'humanité que de penſer que ce fuſt vne conſtitution locale, & conſequammēt reuocable, que d'ouir vn homme en ſes defenſes? Le conſentement de tous les hommes, c'eſt la voix de Nature, dict Ciceron. pour le moins ſerois-ie d'aduis qu'on laiſſaſt là ce miſātrope, ou qu'on luy bouchaſt les oreilles cōme il les veult boucher aux aultres. Venons à vne ſeconde raiſon. Quelle difference y auroit-il entre la Force & la Iuſtice, qui ſont indubitablement choſes contraires? Or pour mieux entendre ce poinct, quand nous diſons que la Force eſt contraire à la Iuſtice, nous entendons parler d'vne pure & ſimple force qui n'a en ſoy pour ſ'appuier & ſe rendre excuſable, raiſon ny fondement, qu'elle ſeule. par ce que la force qui interuient pour faire obeir Iuſtice, punir & chaſtier les mauuais, & dont on vſé contre l'ennemy, ce n'eſt pas force: c'eſt la Iuſtice meſmes, ou vne iuſte & legitime force. Partant nous ferions mieux ce me ſemble d'appeller ceſte force, qui eſt contraire & oppoſite à la Loy, Violāce, puis que ce mot de Force se peult prendre en bonne & mauuaise part. mais Violance est tousiours abandonnee de raison, Voyons donc quelle difference il y a de l'vn à l'autre. Iustice, c'est mettre en balance, poiser & mesurer les droicts des deux parties, & finalemēt prononcer pour le costé qui emporte. Violance, c'est quand il n'y a qu'vn seul qui tire à soy, & est l'autre partie totalement denuée & delaissee vague, frustrée & aneantie de ce qui luy apartenoit. De ceste diffinition il s'ensuyt que Iustice a son but & son aspect d'vn à vn aultre: c'est a dire qu'elle se rend & communique entre deux ou plusieurs, nō à vn seul: quāt à la violance, elle n'a soucy que pour elle. Brief, l'vne consiste en proportion: l'autre, en incōpatibilité. Or il est bien certain que proportion n'est aultre chose qu'vne iuste & egale diuision & distribution de ce qu'il fault bailler à vn chacun: incompatibilité, tyrannie & societé Lyonnine. Adaptons celà à nostre propos. Si Titius pretēdoit qu'il luy fust deu, & Mænius qu'il ne deust rien, & que sans l'ouir, sans luy dōner iour ne assignation le Magistrat commandast de l'executer pour la somme que Titius veult auoir, y auroit-il là de la Iustice ou de la Force? en Iustice les parties doibuent trouuer equalité, & rien n'estre permis à l'vn, qu'il ne le soit consequemmēt à lautre. tout leur doibt estre commun, l'audiēce, les preuues, les delaiz, l'option & la recusation des Iuges. Or és crimes, celuy qui est offencé tient le lieu & place de crediteur: & celuy qui a delinqué, est proprement le debteur. Que seroit-ce doncques d'adiouster foy aux delations & accusations de celuy là, & sans ouir les defenses de cestui-cy, le opprimer & le punir? celuy mesme qui poursuit la reparation du tort qu'il a receu, en penseroit de son costé faire vn plus grand y procedant par ceste voye. Aristides à ce propos auoit mis en iustice vn sien ennemy, & le poursuyuoit fort viuement, si bien qu'ayant deduict toute son accusation, les Iuges furent si irritez à l'encontre de l'accusé, que sans l'ouir autrement, ils le vouloient condamner tout sus le champ. Mais Aristides luy-mesme qui ne vouloit combatre que auec pareilles armes, voyant ceste iniustice, se leua de son lieu, & s'en alla auec l'accusé ietter aux pieds des Iuges, les supplians qu'ils luy dõnassent audiance pour se iustifier s'il pouuoit, & se defendre, ainsi que les Loyx le commandoiẽt, ce dit Plutarque. Qu'eust-on dict, ie vous pry, d'Aristides, qui portoit le nom de Vertu: qu'eust on dict des Areopages qui prenoiẽt leur appellation du Dieu Mars & de Mineruе, si ce pauure accusé eust esté puny & preuenu sans l'ouir? & toutesfois vn si grand & si sainct personnage ne l'accusoit pas qu'il ne fust bien digne de mort. mais on eust dict qu'ils eussent tous ensemble cõmis chose indigne de la Vertu, & encores plus indigne des Dieux. de la Vertu, par ce qu'elle ne est point où il n'y a riẽ qui s'oppose: & des Dieux mesmes, par ce que c'estoit vne de leurs sentences & arrests escripts au portail de leur Temple,

Vous qui entrez & ſortez de ce lieu, ieunes & vieux, Dieu hait toute violence & toute iniuſtice, dict le meſme auteur en aultre endroict. Pour meſme raiſon Phocion quand il fut accuſé fauſement par Agnonides, ayant eu ce mot d'audiēce à toute peine pour demander aux Atheniens, comment c'eſt qu'ils le vouloient faire mourir, iuſtement ou iniuſtement: & qu'on luy euſt reſpōdu, que c'eſtoit en Iuſtice: il repliqua, Le pouuez vous donc faire ſi vous ne nous oyez premierement en nos defenſes? Or celon les Loix anciennes, pour euiter qu'on euſt la moindre opinion du monde qu'vn accuſé euſt eſté circonuenu par voye quelconque, tant ſ'en fault qu'on luy peuſt denier audience, qu'il ne pouuoit pas eſtre condamné en Grece ſinon que par deux fois, & deuāt diuers Iuges, le Senat & le Peuple, on euſt congnu de ſa cauſe: & ſi on ne le cōdamnoit point tant aprés celà, que la condemnation venoit de luymeſmes. Car on luy demādoit (dit Ciceron) Quelle peine meritez vous? Et à Rome, à quelle occaſion tant de Loix des Ampliations & Comperendinations (dont nous parlerons au ſecond liure) & pourquoy ceſte Loy de Valerius pour laquelle il fut ſurnommé Publicola, la Loy des Appellations au Peuple, ſinon qu'ils eſtimoient n'auoir pas vſé de la proportion qui eſt requiſe à bien ouir l'accuſé, ſ'il n'eſtoit ouy deux fois trois fois? Vouloit-on corrompre ceſt ordre? Le Peuple n'eſtimoit pas que ce fuſt ſeulement faire iniure & violance à celuy qui la souffroit indignement, mais à tous les Estats & bourgeois de la ville, & pourtant s'esleuoient & engendroient de là troubles & emotions populaires, comme quand Sicinius le Tribun du Peuple eust par suffrages pleins de fureur faict condamner Coriolanus sans l'ouir: que dist l'autre meilleure partie du Peuple? que dist le Senat? c'est force de recourir aux voyes de faict puis que c'est par force & violẽce que procede Sicinius, & non par Iustice. ainsi toute la ville estoit en trouble & diuision, qui ne peult estre appaisée que quand la raisonnable partie qui est en nous vint à maistriser la sensuelle, & que le bruit & le tumulte appaisé, la voix & la trompette de la Iustice se peut ouir, en ordonnant que tout ce qui auoit esté faict à l'encontre de Coriolanus, seroit cassé & declaré nul, & que iour luy seroit prefis pour respondre & se defendre celon les Loyx. Mais tout ainsi que ce ne seroit pas guarder la proportion requise, qui mettroit le simple soldart à pied à l'opposite & au front de l'homme d'armes pour se defendre: par ce q̃ ce seroit trop d'auantage d'estre à cheual armé de toutes pieces, le coutelas & la masse à l'arçon cõtre vn hõme de pied n'ayãt q̃ le morriõ & la harquebouze: mais l'vn demeurãt à pied, l'autre à cheual, seroit en ceste inequalité y aporter neantmoins vne proportion eguale, si venant à compasser leurs forces, nous faisions par forme de recompense l'vn plus fort en vne chose, & l'aultre en l'autre, comme les mettre en vn païs de vignoble ou autrement couuert & mõtueux, autrement seroit se moquer de vouloir dire que ce ne seroit pas luy vser de force, puis qu'on l'aduertist de se defendre mais desarmé, ou seul contre vne multitude: à semblable, quand nous disons que la premiere & la plus necessaire partie de l'Instruction est d'ouir l'accusé, & qu'il fault en Iustice que les deux parties y trouuent toutes choses égales, nous n'entendons pas d'en ouir vne à bon esciant, & l'autre par forme d'acquit: & si l'equalité, dont nous parlõs, est de celle qui par addition & subtraction de plusieurs inequalitez vient à monstrer sa proportion egale. Car l'accusateur combat veritablement à cheual, quand il a de son costé la clef des champs (comme on dict en commun prouerbe) & que l'accusé espouse le plus souuent vne prison: quand l'vn peult poursuiuir & agir par procureur, & l'autre n'est receu à se defendre s'il n'y est en sa personne: quand l'vn est au peril d'vne amende pecuniaire, l'autre, de sa vie, de son honneur, & de ses biens. C'est pourquoy estant ces conditiõs inegales, ce ne seroit pas égalemement remedier à l'accusé, qui ne luy distriburoit d'aultant plus de faueur & de douceur inegualement à celle que peut auoir le demãdeur & accusateur, que leurs lieux & conditions sont inegales. aultrement il y auroit de la force. Quoy doncques? Noz Maieurs considerans bien celà, pour recõpenser & adoucir la rigueur & apresse qui est plus grande en vn pauure accusé, qu'ẽ l'accusateur, ont voulu que le demandeur vint plaider par deuant le Iuge naturel de l'accusé, non au cõtraire: au lieu qu'ils ont donné vn iour d'audience au demandeur, ils en ont donné deux ou trois au defendeur: au lieu qu'à l'accusateur faisant ses preuues ils apposoient *comites ac custodes*, ils n'en donnoient point à l'accusé s'il auoit à faire preuue de ses faicts iustificatifs & de reproches: si l'absolution estoit toute euidente (dict Asconius) l'accusé estoit incontinent absoult: mais si c'estoit la condemnation qui fust certeine, on prononçoit, *Amplius*. finalement si l'accusation estoit doubteuse, ou qu'il y eust concurrence de preuues & d'opinions, c'est pourquoy, dict Aristides le Rhethoricien, qu'ils inclinoiẽt en la faueur & liberation de l'accusé. Mais qui plus est, ne reiettoient-ils pas quelque fois les accusations, ou les tesmoignages d'aucuns dés le commancement de la cause, pour la trop grãde puissance, credit & auctorité qu'auoient les accusateurs ou les tesmoins au prix de la pauureté & simplicité des accusez, pour lesquels on n'eust pas eu le moyẽ de n'en tellement opposer & balancer encontre, que venans à perdre leur cause on dist hault & clair qu'ils auoient esté plus tost réuersez & bouleuersez que vaincus? comme il arriua à Faustus Sylla que Quintius pendant qu'il estoit en son Estat de Tribun deferoit & accusoit luymesmes par deuant le Preteur Caius Orchinius: à Lucius Colta, que ce grãd Publius Scipion l'Africain: à Sergius Galba, que ce diuin

&

& tant renommé Marcus Porcius Caro accusoient deuant le Peuple, & à d'aultres que Ciceron recite en diuers lieux. Que seroit-ce dõques au prix, si on venoit à condamner ou executer sans ouir? lequel seroit-ce, Iustice ou Violence? Or il y a bien dauantage. Car quelque audience qu'on ayt donnée, quelque forme & solemnité qu'on ayt suyuie, si quand lon vient à arbitrer & conclure la peine, & qu'on l'impose par trop plus griefue qu'elle ne doit estre, on commance à recueillir & coniecturer de la cruauté & inhumanité du supplice, qu'il y a eu de l'iniustice cachée au fons, procedant de quelque vindicte & animosité secrette: qui est l'argument dont vse Plutarque, que Scipion Nasica & tout le Senat monstrerent bien qu'ils estoient poussez d'enuie & de cholere particuliere contre Tiberius Gracchus, pour les terres qu'il leur vouloit oster, quand ils ne se peurent tenir apres sa mort de seuir iusques au cadauer: & la raison de cest argument est, par ce que (comme dict Agathias parlant aussi de l'execution que Rusticus & aultres ses adherens auoient faite de Gubazés Roy des Colches) Iustice & Cruauté n'habiterent oncques ensemble: quel nom donnerions-nous à ceste action là de punir sans auoir ouy premierement? dirions-nous que ce seroit Iustice? mais encores nous mettriõs qui plus est Iustice, Violence, & Cruauté tout ensemble, ce que tant s'en fault qu'ils puissẽt estre, que toute cruauté mesme ne peult pas estre auecques force & violẽce.

Car pourquoy est ce q̃ Quintus Fuluius Flaccus apres auoir repris la ville de Capouë q̃ s'estoit substraite de l'obeissãce des Romains du temps des guerres q̃ faisoit Hanibal en Italie, fut accusé d'auoir en sa victoire vsé de trop grande cruauté & inhumanité cõtre les Chãpenois: Marcellus, cõtre les Syracusains: Marcus Fului⁹, cõtre les Ambraciotes: Popilius Lenas, contre les Liguriens: Hortensius, contre les Abderites, dit Tite Liue, sinõ qu'en l'hostilité mesmes il y a quelque borne q̃ la nature humaine a p̃scrite & limitée pour les vaincueurs? oultre & par dessus laquelle ce qui se faict & cõmet, ne se peult desormais couurir du nom de Guerre, qui a de son costé comme la Paix, ses droicts & ses coustumes, mais se refere à vne rage & fureur oultrecuidee? car de luy dõner ce seul nom de brutale, encore l'Ours le Lyon, & le tigre ne touchent plus à ce qu'ils voyent à leurs pieds terracé & humilié deuant eux. Parquoy si és choses, où lon procede par violãce, il doibt encores y auoir lieu de quelque douceur pieté & humanité, que sera-ce, quand on y veult & doibt proceder par iustice? Que si on nous veult alleguer la responce que fist Brẽnus Roy des Gaulois à Fabius Ambustus Ambassadeur du Peuple Romain, sçauoir est que tout plie & cede naturellemẽt à la Force, & que c'est la plus anciẽne Loy celle qui abandõne aux plus forts ce qui est & appartiẽt aux pl⁹ foibles: consequãment qu'il n'y a riẽ tant iniuste & illegitime où la force & violance est meslée. Ie dy pour le faire brief, & ne no⁹ esloigner point trop de la matiere où nous sommes, que les Dieux (pour en parler comme Brennus) sont bien naturellement plus forts que les Hommes : & les hommes, par le moyen de leur esprit & entendement raisonnable, plus forts que les bestes brutes: & le masle vniuersellement aussi plus robuste que la femelle (& neantmoins puis que ceste force est Naturelle, il ne s'ensuyt pas qu'ils en vsent & doiuent vser que naturellemẽt, c'est à dire, auec douceur & benignité : car tout acte & mouuement violant est contraire à la Nature :) mais quant est d'homme à homme, de Leopard à Leopard, d'Elephant à Elephant, & ainsi de toute autre espece à espece, l'vn n'est point naturellemẽt plus fort que l'autre. ce qu'il y a de debilité & de foiblesse, ce n'est point Nature, mais alteration & deprauatiõ de Nature. Parquoy cest argument là n'est pas valable. Tant y a que comme il est escript au Cõcile tenu à Aquisgrane l'an huict cens, soubs Loys Empereur & Roy de France, & depuis encores au Concile tenu à Bourges du temps de Charles septiesme, pour luy donner aduis du Concile de Basle : Ce n'est pas aux hõmes que l'homme est preferé par Nature, c'est aux bestes. Car cela mesme est contre Nature que l'vn s'esleue & se rende terrible par dessus l'aultre. Pourtant au commancement de ce monde noz Peres ne se disoyent pas Roys & Princes des hõmes, mais Pasteurs & conducteurs de moutons : ce que Platon mesme a bien sceu dire en son dialogue de la

Monarchie. Si ce n'est donc pas naturellement, mais pour vne necessité & raison politique de mieux regir & gouuerner ce troupeau d'hõmes, qu'on a aucunemẽt forcé & violé la Nature en préposãt vn de leur gẽre pour cõmãder aux aultres : il fault necessairement que ceux à qui on a cedé ceste prerogatiue & préeminance, r'approche & r'amene tousiours tant qu'il pourra ses functions & operations à ceste vniformité & equalité de Nature, dõt a esté extraite, ou soustraite plus tost la puissãce qu'il a. Car tout ainsi que c'est le mal & la maladie procedãt non pas d'vn bon naturel, mais de nostre mauuais regime & comportement, qui nous a creé & introduict le Medecin: lequel consequamment au lieu de biẽ gouuerner son patiẽt, aider & conforter la Nature, s'il amploioit son auctorité & la fiãce, qu'on a de luy, à le gehẽner & rẽdre plus bas, & qui plus est, si sans le voir & visiter, sans luy tater & manier le poux il luy ordõnoit des breuuages à l'auẽture, il n'est pas vraisẽblable qu'on se voulust plꝰ seruir de luy: aussi ne pourroit on estimer autrement que le Magistrat qui traicteroit ses citoyens tout de mesme, & qui sans les voir, sans les ouir, les puniroit à la volée, pour ne sçauoir bien & naturellement vser de son auctorité, se mettroit au hasard de perdre sa prelature & son Estat, comme ce Medecin là sa pratique. Et n'y feroit rien la force. car ce qui est acquis de ceste part, ne se conserue pas toutefois par violance, mais par raison & iustice: qui seroient tous confunduz,ensemble cõme nous disiõs maintenãt, si de l'instruction d'vn proces on ostoit l'interrogatoire & l'audiẽce d'vn accusé. Or le faisant,se-roit faillir encores en vne aultre principe & cõmandement de la Nature, d'oster la defense, tuition & conseruation de soymesmes. Car la Nature a tellement infus cest appetit & affection de estre soigneux & attẽtif à la defense & protectiõ de soy & des siens, qu'elle en a faict part aux bestes brutes: & qui plus est, ne leur a point donné ce desir nud & par imaginatiõ seulemẽt, mais les a armez & vestuz de defenses telles que les plus petits animaux se peuuent sauuer & guarãtir de l'inuasion des plus grans. Nous laisserons celles quelle a dõnees à l'homme contre les bestes, qui est la Raison & l'Entendement (sa condition osté cela seroit infiniment plus miserable que des bestes brutes) celle qu'elle luy a donnée contre les hommes, c'est la Parole. Et bien qu'on oste donc les armes, les compagnees, les forts & les retraittes à ceux qu'on estime coupables & dignes d'vn chastiment: ces defenses là sont externes, & ne les auõs prises ne aprises auec nous. mais la Parole, qui est-ce qui la pourroit biẽ iustemẽt oster? qui est-ce qui de ces defenses là voudroit priuer vn accusé? Si la partie mesme qui est offencée se precipite, & de cholere ou maltalant surprẽd son hõme pour se vanger en luy ostant toute defense, celà s'appelle trahisõ & Superchierie: & le crime est tenu pour indigne de commiseration & de pardon, quand quelque iuste douleur qu'on puisse auoir, il est commis auecques armes contre celuy qui n'en a point, contre l'enfant, contre la femme, par ce qu'ils n'ont le pouuoir de se defendre, dict Aristote en ses Problesmes. que dirions nous donc du Iuge, qui est vne personne neutre, & constitué pour rendre raison & iustice tant à celuy qui la demãde, que cõtre lequel on la poursuyt, si à l'vn ou à l'autre il denioit sõ audiẽce, mais principalemẽt à l'accusé, qui n'a defense que celle là? Dirions nous pas qu'il peche cõtre Nature, & qu'il oublie mesme de cõsiderer les marques & les enseignes qu'elle en a mises en luy & en nous tous? Car pour vne lãgue elle nous a dõné deux ouyes, pour nous monstrer & aprẽdre cõtinuellemẽt qu'il fault plus escouter que parler. parler peu, où il est question d'accuser & charger aultruy: ouir beaucoup & longuemẽt où il est question de la vie & de l'hõneur de noz semblables: quoy q̃ ce soit (comme disoit Alexandre le Grãd) qu'il fault garder vne oreille à vne partie & l'autre à l'autre. Certes si ceste loy *Vim vi repellere*, est de Nature, par ce q̃ c'est de Nature, qu'est la Defense : il est à plus forte raison conuenante à la Nature, que celuy qu'on veult traicter par Iustice, se targe & se defende par Iustice. Il est biẽ vray q̃ la lãgue, c'est vn bastõ bien agu, & vn bouclier si bien trẽpé qu'elle cõbat & resiste par fois aux pl⁹ grãdes & plus puissantes armées: flechist & apriuoise les plus farouches & furieuses natures: echauffe & encourage les plus remises & timides cóplexions. mais ce n'est en tous cas q̃ lágage, ce n'est que par raison & discours qu'elle assault, ou qu'elle resiste. Et si s'ensuyt de là, que puis que l'homme est composé d'Oraison & de Raison, s'il ne veult ouir ny l'vn ny l'autre, qu'il n'est plus hóme, mais beste brute. Cósiderez q̃l beau nom s'aquerroit le Prince, s'il frustroit vn sien subiect de ce que Dieu & la Nature luy a dóné. L'odieux nom où finalement tumbent les Roys, ne procede pas aussi d'vne aultre source. Car les emprũs & subsides fascheux & ennuyeux peuuẽt biẽ fóder leur excuse sus la necessité, sus les guerres, sus l'vtilité publique: mais riẽ ne nous force de faire & cómettre iniustice: rien ne nous peult tãt abaisser, que nous oublions que nous sommes Hommes, & commandans aux hommes, non à des bestes. Mais quoy? ne nous pourra lon pas dire (& de faict nous toucherós tãtost ce poinct là plus amplement) qu'il se treuue des hommes si publiquement & si manifestemẽt coulpables, que ce n'est proprement q̃ tẽps perdu & formalité que les ouir? Celà est bien vray. mais aussi nous auons dict, que Iustice n'est quasi que formalité. Toutefois pour mieux respondre à ce poinct là; que seroit ce si on venoit à distinguer ainsi, Qu'il est bon d'ouir vn accusé s'il a bóne & iuste cause: inutil & frustratoire, s'il l'a mauuaise? Car par mesme raison le faudroit-il absouldre incontinent sans l'ouir: & ne seroit point de necessité de mettre iamais riẽ en cognoissãce de cause, q̃ seroit cófondre & rẽuerser toute police.

Mais tout ainsi qu'il ne suffist pas à la féme chaste & pudique, de l'estre, si elle n'euite pareillement toute mauuaise suspition & opinion du contraire, comme disoit Iule Cesar de sa femme: aussi le Magistrat doibt autant ou plus fuir & craindre la presumptiõ & opinion d'iniustice, q̃ l'iniustice propre. Or tombera il perpetuellemẽt en ceste reputation mauuaise & deshonneste s'il mesprise les formes, l'ordre & solennité de la Iustice, pour deux ou trois raisons bien euidentes. La premiere est, qu'on n'estimera pas qu'il ayt faict office de Iuge, mais de Partie, de tesmoin & d'executeur tout ensemble. infaliblement on pẽsera que c'est cholere & passion qui l'a poussé, non pas debuoir & affection moderee de rendre à vn chacun ce qu'il merite. S'il estoit veritablement coulpable, tant plus facile estoit-il de le conuaincre, si la preuue ne manquoit point, & si elle manquoit aussi, Qui luy a dit, dira le Peuple, que ce pauure homme estoit coulpable? tousiours il estimera le contraire, quand bien le faict en soy seroit veritable: par ce que à l'endroict des hõmes autãt est ce qui n'est point, que ce qui est secrait & incogneu. Mais c'est aussi oultre cela, que l'imperfection de l'hõme est si grãde, qu'il est plus enclin à interpreter mal que bien les actions d'aultruy, & principalement de ceux qui ont commãdement sus luy, par ce que c'est enuy qu'on obeist. Or comme le Grãd Seigneur tenãnt sa table, ne doibt pas tant regarder à ceux qui y sont assis, lesquels ne sont pas tousiours de telle qualité que luy, qu'à sa grãdeur &

hauteſſe, qu'elle ſoit iournellement opulente & magnifique: auſſi tenant ſa Cour, rendant & adminiſtrant Iuſtice, il ne doibt pas ſeulement cõſiderer ceux qui la demandent, mais le lieu & le rãg qu'il tient: non l'intereſt ſeulement des parties, mais ſa reputatiõ & ſon honneur: la bonne ou mauuaiſe opinion qu'on peult auoir de luy, & de l'iſſue de ſes iugemens. Car les Princes n'ont loyer ne peine que l'honneur & le blaſme. La ſecõde raiſon eſt, q̃ quãd biẽ celuy qui merite punitiõ ſeroit de toute certitude, & au ſçeu d'vn chacun le plus pernicieux hõme du monde, ſi fault il oſter ſ'il eſt poſſible tãt à luy meſme, qu'à ſes enfans, parẽs & alliez, l'occaſiõ de ſoubçõner en quelque façon que ce ſoit, qu'il ayt eſté banny ou executé iniquemẽt. Car telles impreſſions font ſouuentesfois attenter beaucoup de mauuaiſes choſes contre l'Eſtat. Or eſt il ainſi que le vray moyen de couper chemin à ces opiniõs là, eſt (comme diſent les Plateens en Thucydide pledans leur cauſe par deuant les Lacedemoniens) ſi on ne denie iamais audience à vn accuſé, car aultrement luy & les ſiens auroyent celà perpetuellement ſur le cueur de penſer que ſi on l'euſt ouy, il euſt peu ſe ſauuer, ou rendre ſa cauſe plus fauorable. Alexandre le Grand en diſt autãt comme il faiſoit le procés à Hermolaus, dict Quinte Curce. ceſt Hermolaus au lieu de ſ'excuſer de la coniuration qu'il auoit dreſſee contre la perſonne d'Alexandre pour vengeãce d'vne iniuſtice qu'il auoit receue de luy, ſe vouloit mettre à ſouſtenir en defendant ſa cauſe, qu'il auoit bien & iustement faict, blasmant Alexandre de Tyrannie, d'iniustice, & d'impieté, par ce qu'il se faisoit adorer comme Dieu. La dessus ainsi que Sopolis pere de Hermolaus & tous les assistans criassent apres luy, & luy voulussent fermer la bouche: Alexandre commãda qu'il fust ouy iusques à *amen* (comme l'on dict) par ce qu'il semble à tous accusez (ce dist-il) qu'on procede contre eux auec plus de moderatiõ & d'equité quãd on les oit benignement: & s'ils s'enferrent dauantage en ce faisant, ils augmentent leur peine. Nous ne voulons pas dire que pour auoir le mieux faict du monde, guardé & obserué toutes les formes, il n'en arriue aussi quelquefois des inconueniens, & à tort: mais nous parlons de ce qui est ordinaire, & de ce qu'estãt iniuste de soy ne peult faillir qu'il ne produise de mauuais & dangereux accidens. Partant puis qu'il y va du nostre, iaçoit que pour la grandeur des crimes l'accusé ne profitast rien pour estre ouy, pourquoy luy denirions-nous ce qui ne luy peult nuire, & à nous si? Quand on a rendu à vn chacun ce qui luy appartient, & en la forme & maniere qu'il appartient, que peult-on imputer au Magistrat? de quoy est-ce que les parens & amys se peuuent plaindre? s'ils le font, leur calomnie ne se decouure-elle pas incontinent de soy mesmes? C'est l'occasion qui m'a fait croire, que les Grecs & les Romains, voire toutes Nations du temps passé, faisoyent & instruisoient les procés des accusez publiquement & deuãt tout le mõde qui y vouloit estre (comme nous monstrerõs au second liure) affin que voyant le iour au trauers de tout ce qui se trettoit & manioit en cest action forense, pour y estre vn chascun iuge, tesmoing, spectateur & auditeur tout ensemble, on ne vint à penser de la Iustice aultre chose que ce qu'ils y auoiet eux mesmes veu & aperceu à descouuert. Que pleust à Dieu qu'on en peust ainsi vser pour le iourd'huy, seroit vn grād repos aux droicts & iustes Iuges. Mais pour reuenir à nostre premier propos, encores n'y a il homme si desesperé, que si on luy donne audience, ne puisse aucunefois en rapporter quelque fruict, tesmoing Iule César. il tenoit Ligarius pour tout iugé : car il auoit esté contre luy en la bataille de Pharsale, & ce qu'il ne refusa point d'ouir Ciceron pledant sa cause, c'estoit plus tost pour prēdre plaisir à son eloquence, comme il le dist luy mesmes, que pour volunté qu'il eust de pardonner à Ligarius. & neantmoins au milieu de l'oraison il se trouua si esmeu & persuadé par ce grand Ciceron qu'il changea d'opinion & renuoya Ligarius. Voilà comment il n'est pas seulemēt iuste selon Nature, selon le droict des Gens, selō les Loix d'ouir vn accusé, mais aussi vtile & profitable tant aux parties qu'au Iuge mesme. Or nous amenerons encores ceste troisiesme raison qui considere, oultre ces parties là, l'vtilité publique : c'est qu'en execution faite sans forme ne figure de procés, il n'y a point d'exemple. on remarque bien ce qui est arriué, & la façon, pour en farcir vne histoire, comme de quelque grand tramblemẽt de terre, inundation, peste ou famine auenue en vne telle ou telle année. mais celà ne s'appelle pas exemple : comme quãd nous lisons en Plutarque au traitté des matieres d'Estat, que les Argiens s'estoyẽt si fort alliez & laissez mener à vne passion frenetique que d'auoir vsé à l'endroit de leurs citoyẽs d'vne cruauté & inhumanité si grãde qu'ils en auoyẽt mis à mort iusques au nõbre de quinze cẽs : & que ceste nouuelle venue aux Atheniens, ils en auoyent esté si estonnez (combien que les affaires des Argiẽs ne leur touchassent en rien) qu'ils firent aussi tost processions generales & particulieres par toute la ville, & commanderent qu'en pleine assemblée de tous les citoyens on apportast les sacrifices de purgation & expiation pour faire priere & supplication aux Dieux de detourner à tout iamais de leur ville ceste note, que nõ point seulement ils eussent commis vn acte si miserable, mais qu'ils y eussent voulu oncques penser. Voilà bien les plus beaux exemples, l'vn de cruauté, l'aultre de pieté & humanité qu'on sçauroit iamais lire en toute l'antiquité. mais quãd nous disons que les peines sont imposées pour l'exemple : ce mot d'Exemple s'y prent aultrement là, soit qu'à la façon des Romains nous appelliõs celuy mesmes qui est executé, l'Exemple, comme le patron duquel on en tire d'aultres, ou que le faict pour son regard soit subiect ou non subiect à imitation & exemple. Nous donnerons mieux à entendre la differẽce, disant ainsi: Quãd Milo tua Claudius, ce fut vn meurtre: & quand ce Claudius mesme fut trouué deguisé en femme és sacrifices de la Bonne Deesse, c'estoit inceste, mais quãd le procés leur fut faict la dessus, & que l'vn fut condamné, l'aultre absoult, ce furent Exemples, soit que bien ou mal il eust esté iugé. L'exemple donc gist à voir les esprits de tout vn peuple suspendus & attentifs si l'accusé se iustifiera, ou bien au cas que le crime soit aueré, quelle punition & satisfaction en sera faicte pour le public: & finalemẽt gist en ce dernier acte où est represẽté tout l'apparat iudiciaire, où acourt tout ce peuple pour le voir, pour l'attester, pour s'en souuenir. Que si on venoit à aperceuoir plus tost la mort & l'execution, que capture ny emprisonnement: on ne pourroit dire aultre chose sinon que, Voila vn autre meurtre & de sang froid, qui ne merite point d'exemple. Aussi quãd Agathias au trois & quatriesme liure de la guerre des Gots, recite que les Colches (dont nous auons parlé cy deuant) enuoyerent demander iustice à l'Empereur Iustinian contre Rusticus, Martinus, Ioannes, & aultres qui auoyent tué leur Roy Gubazés: il recite là fort curieusement tout l'appareil qu'y enuoya Iustinien, ceux qu'il voulut qui assistassent, suyuissent & obeissent à Athanase iuge par luy commis en ceste cause: & iusques à la forme & maniere de leur seance, de leurs habits, & de l'execution finalemẽt il la descript par le menu, d'autant (dict-il) que Iustinien vouloit que les estrangers veissent à l'œil quel cas faisoyent les Romains de la Iustice: comme ils la trettoyent & manioient pour chose saincte & sacrée, auec quelle maiesté & amplitude: ce qu'ils guardoyent & obseruoyent religieusement (adiouste Agathias) par ce qu'il n'y a rien qui console tant les bons, & ceux à qui on a faict tort & iniure, dont ils attendent la reparation: & qui à l'opposite donne plus de frayeur aux mauuais, & les retire & empesche de faire mal, que cest ordre si venerable de proceder & de iuger. La plus grande partie de la peine c'est l'apprehension & crainte d'icelle, qui est tollue quand l'homme se sent plustost puny & executé, que mis au ranc & place des accusez: si bien que le coulpable qui est puny sans forme Iudiciaire, seroit veritablemét moins puny que celuy à qui auroit esté faict & parfaict le procés: quant aux aultres, telle punitió n'a point d'exemple, & si le Magistrat se faict tort de mettre en doubte sa renommee par defaut d'vne formalité & solemnité commune. Concluõs donc ceste premiere partie, que de nier audience, seroit forcer & violer toutes Loix de Nature, ciuilité & humanité: consequemment que rien ne sçauroit apporter tant de danger au Prince, Seigneur & Magistrat souuerain, que de pecher & heurter en cest endroict. Les Ephores à Lacedemone pour auoir mis à mort Agis, sa mere, & sa femme sans leur auoir gardé forme quelconque

Iudiciaire, furent par Cleomenes peu aprés tuez en leur propre siege, leur auditoire mis & renuersé par terre, & le nom & la puissance des Ephores ostée & supprimée pour l'aduenir. Childeric second de ce nom Roy de France sentit bien la faulte qu'il auoit aussi faict en celà. car pour auoir commandé que lon foüetast vn sien subiect nommé Bodile sans iugement ny congnoissance de cause, Bodile s'en vengea si bien que comme le Roy & sa femme reuenoyent de la chasse il les tua tous deux ensemble. Et pourquoy est-ce qu'on ne peult presque iamais fuir tels accidens? c'est que celuy qui vse des formes, encores qu'il eust mauuaise intention, couure & cache son ieu aucunement: mais quand on les mesprise du tout, l'iniustice est trop visible, si bien qu'il est impossible qu'on ne s'esleue, non plus que sentant vne mauuaise odeur & infection, le cueur ne le peult iamais endurer. C'est neantmoins chose bien fort estrãge que les Anciens ayent quelquefois non de cholere, mais muremẽt laissé & obmis toutes ces formes, & que de propos deliberé & par aduis de conseil ils se soyent deuoyez de ce grand chemin que la Nature, la Raison, l'Æquité, & l'humanité nous a monstré. Et ce qui est plus à emerueiller, est que celà ne soit point arriué seulemẽt és Royaumes & Monarchies, ou tout ainsi que l'eclair apparoit deuant le tonnerre, combien que les Naturels dient qu'il sort apres, les punitions aussi precedent souuentefois les accusations, sentẽces, & iugemens cõme dict Plutarque au traicté de la Doctrine des Princes : mais que l'on ayt trouué celà estre pareillemẽt arriué és Republiques les mieux cõstituées & ordonnées. Et toutesfois ce que Plutarque en dict là, il le dict parlant des mauuais Princes qui mesurent leur puissance à leur appetit & volõté, sans qu'ils y entrelassent raison ne discours naturel: de sorte qu'il ne faudroit pas s'estõner grãdemẽt si auec ces Princes là, dont la cholere deuient aussi tost meurtre: l'amour, adultere: l'auarice, perte & confiscation de biens : & la seule suspicion, sacrilege & lese majesté, on auoit rencontré de ces piteux euenemens, esquels, cõme le sang aussi se voit plustost que la playe, le patient auroit esté plustost puny, que pris & conduit en Iustice. Mais on les remarque soubs des plus doux, des plus iustes & plus legitimes & naturels Princes : de maniere que si nous ne les pouuons accuser, il fault de deux choses l'vne, ou que nous allions confessant qu'il y a des exceptions à nostre regle que nous posions si infallible & vniuerselle : ou que tout ainsi que la Nature mesme, iaçoit qu'elle soit nostre vraye mere, s'est ébatue toutefois à nous produire de mauuaises herbes, mais propres à quelque remede çelon qu'elles sont bien composées & appliquées : qu'aussi le iuste & legitime Prince a, comme le bõ Medecin, des remedes illegitimes & extraordinaires, ou attendu la malice & acrimonie

monie de la fiebure, aussi pour l'importance & vrgence des cas, il est contrainct aucunefois d'auoir recours. Mais ces remedes sont d'autant plus dangereux que ceux du Medecin, que si le Medecin en vse hors de saison, il ne mect que son patient au hazard: ou le Prince s'y embrouille le plus souuent luy mesmes, & au lieu de se tirer & deueloper d'affaires, s'y plonge & empestre plus fort. Traictons donc desormais de ce propos en la maniere que Pline dict és liures de sa naturelle histoire, que ceux qui veulent parler des poisons, des enchantemens, des bruuages à commander haine ou amitié, ou pour auorter enfans, doiuent parler, ou côme encores les Theologiés des Heresies: sçauoir est, pour nous en dôner de garde plustost, que pour en vser ou en vser comme de preseruatif & d'âtidote. Par où est-ce que nous cômancerons dôcques? sera-ce de monstrer qu'il se peult faire, ou qu'il s'est faict? mais rien ne nous est iamais induict & persuadé de croire qu'il se peust faire, que par ce que nous trouuons escript qu'anciennement il s'est faict, mesmes entre les Grecs & les Romains. tout ainsi que du parricide, s'il ne se fust trouué des siecles pollus & diffamez de ce crime, qui est-ce qui eust imaginé qu'en la Nature il se fust peu contre elle mesmes nourrir & eleuer vn si prodigieux môstre? qui fut la raison de Solon pour laquelle il n'auoit point compris le parricide parmy ses Loix n'estimât pas qu'il se peust faire. Voyons donc premierement où on a prattiqué de punir sans ouir, & par aprés nous considererons pourquoy il s'est prattiqué, & quelles raisons ou excuses ont peu auoir ceux qui ont suiuy ceste forme d'instruire procés auec si peu de forme & d'instructiō. Car si nous trouuons que les exemples qui s'en lisent és liures soyent hors de danger de pouuoir estre repris & calomniez, ce sera parauenture quelque excuse à ceux qui se trouueroyent forcez de les imiter, par ce que les faultes sont plus à pardonner quand elles sont faictes à patrō, mesmes de grās & graues Auteurs. Commançons donc par la Grece: En la ville de Lacedemone, qui n'estoit Monarchie, ny Oligarchie toute pure, mais tēperee des deux Gouuernemens, & au surplus soustenue & appuyée des ordonnances d'vn si grand Legislateur que Lycurgue, iaçoit qu'il n'y eust iamais esté veu ny ouy (dict Plutarque) qu'ō eust puny homme du monde sans forme ne figure de procés (car oultre la Nature & l'humanité, les Loix de Lycurgue le defendoyēt expressemēt) toutefois estāt la ville assiegée par les Thebains soubs la conduicte de ce braue Seigneur Epaminōdas, qui les venoit de defaire tout freschemēt en la iournée de Leuctres: il y aura coup sus coup deux inconueniens qui furent detournez par le compas de la Iustice estroicte, vtile & indirecte, dont nous parlions tantost. On raporta au Roy de Lacedemone Agesilaus qu'il y auoit bien enuiron de deux cens mutins qui s'estoyent saisis d'vn quartier de la ville fort d'asſiete. Or comme les Lacedemoniens leur voulusſent incontinent courrir ſus, Ageſilaüs craignant que celà ne fuſt cauſe de quelque plus grande nouuelleté, commanda qu'on ne bougeaſt, & luy tout ſeul & deſarmé ſ'y en alla, & leur commança à crier qu'ils auoyent aultremēt entendu qu'il ne leur auoit cōmādé, & que ce n'eſtoit pas là où il auoit ordōné qu'ils ſ'aſſemblaſſent, ny tous en vn meſme lieu, mais les vns en tel quartier: les aultres en l'aultre: & leur enioignant d'y aller, ſe departirent tous, bien aiſes que leur coniuration n'auoit point eſté decouuerte comme ils penſoyent. mais apres qu'ils furent ſeparez, Ageſilaüs en fiſt pēdre quatorze ou quinze des plus ſeditieux coniurez, que la nuict enſuyuant il fiſt mourir ſans autre forme. Bien toſt luy fut reuelée vne aultre conſpiration plus dangereuſe, & des Spartiates meſmes, qui ſ'eſtoyent aſſemblez en vne maiſon ſecrettement & de nuict pour ſuſciter pendant le ſiege quelque nouueau remuement. Ageſilaüs communiqua l'affaire aux Ephores & non à aultres. Tout auſſi toſt veu le danger où ils eſtoyent, entre les Thebains d'vn coſté, & les rebelles de l'aultre, fut pris deliberation de les aller trouuer & mettre à mort ſans aultre procedure Iudiciaire, ce qui eſt faict & executé ſus le champ. Voilà vne grande exception à noſtre Loy. Ælien au quatorzieſme liure de ſon hiſtoire le recite comme Plutarque. Or voyez ce qu'on peult dire contre la perſonne d'Ageſilaüs qui estoit Roy legitime & naturel, & sãs celà tel & si grand personnage que tous les anciens & Xenophon l'ont descript. Que si dauanture on vouloit dire que par les menées de luy & de Lysander il auoit osté la couronne à Leotychidés: si estoit-il de la race des Roys. mais en tout euenement que pourroit-on obiecter aux Ephores? car il est tout vulgaire quels gens c'estoyent, & quelle auctorité ils auoyent contre & par dessus les Roys de Lacedemone. qui donne au contraire à coniecturer qu'Agesilaüs, qui n'auoit point vne puissance absoluë, ny les Ephores vne charge perpetuelle (ils changeoient d'an en an) n'eussent iamais entrepris telle execution dont ils estoyent subiects à rendre compte, sinon qu'ils eussent bien sçeu qu'auenans de tels cas on pouuoit franchir le sault & eniamber par dessus les Loix, aussi bien que peu au parauant pour les fuitifs de la bataille de Leuctres Agesilaüs auoit prudemment auisé de les faire dormir & reposer pour ce iour là. Mais Xenophon au second liure des affaires de Grece nous en recite vn aultre exẽple fort memorable. Eteonicus auec ses troupes auoit esté mis en guarnison en l'isle de Chio amie & confederée des Lacedemoniens, Les soldats pour faulte de viures qu'ils endurerent, firent complot de saccager la principale ville: & pour s'entrecongnoistre quand ce viendroit à mettre la main à l'œuure, auiserent que les coniurez porteroyẽt vn brin de ionc à leur chapeau. Celà sçeu par Eteonicus, il se trouua de prime face bien empesché de ce qu'il auoit a faire. Car d'vne part il auoit peur que ce fust quelque deliberation commune à tous ses gens, si bié qu'il n'eust peu tirer d'obeissance quand il eust voulu proceder par vne inquisition & punition ordinaire: d'aultre costé il y auoit danger q̃ les habitãs mesmes venãs à entẽdre la mauuaise intẽtion des cõpagnies, se retirassẽt de l'aliance & cõfederation des Lacedemoniens. Mais apres y auoir pensé, & consideré que pour appaiser vne sedition, les plus legers remedes y sont communément aussi propres que les commancemẽs prouiennent le plus souuent de peu de chose, tout ainsi que les grands embrasemens de feu ne cõmancent pas tousiours des Eglises, des Palais & aultres edifices publics, mais de quelque mediocre maison où il eust esté facile de preuenir, & puis de là prent aux Chasteaux: Eteonicus se fist suiuir de quatorze ou quinze hommes seulement, & s'allant proumener parmy les rues, le premier qu'il rencontra portant à son bonnet vn brin de ionc, sans l'enquerir aultrement, ne sans dire pourquoy, le fist pendre tout sus le champ: & passant oultre, ne faisant contenance d'homme estonné, commanda que l'on respondist à ceux qui demanderoyent la cause d'vne execution si sommaire, Que c'estoit par ce qu'il portoit vn brin de ionc à son bonnet. Qui considerera cruëment cest exemple, on le iugeroit inique & ridicule tout à vn coup: inique pour la façon, ridicule pour le pretexte. Toutefois celà fut cause que ceux qui estoyent de la coniuration ietterent incontinent la marque de leurs chapeaux, & ne s'entrecongnoissans plus, n'oserent pour la desiance d'eux mesmes, mettre à execution leur entreprise. Eteonicus oultre celà, fist tenir hostel de Ville, où sans riẽ expliquer du hasard qu'ils auoyent encourru, tira de l'argent d'eux soubs aultre couleur & occasion, qu'il distribua aux soldats: & en ce faisant remist & asseura tout doucemẽt l'estat & le gouuernement de la ville. Il se trouue en Ammien Marcellin en son quinziesme liure, qu'vn Leontius Preuost de Rome en fist quasi autãt, c'est de punir sans forme ne figure de procés le premier venu, & comme les Latins l'appelloyent *obuium*, estant auenu du temps de Constantius Empereur que la populace esmuë & courant apres luy voulust forcer la Iustice & enleuer des mains de ses Officiers vn nómé Philoromus qu'il auoit cõmãdé estre mené en prison fermée pour luy faire & parfaire son procés, Parauenture que, & l'vn & l'autre, Eteonicus & Leontius, auoyent leu en l'oraison d'Isocrate faicte à l'encontre de Callimachus, que c'estoit l'ordinaire des Atheniens qu'en vn crime commis tumultuerement & en assemblée secrette ou manifeste, ils punissoyent celuy qu'ils rencontroyent deuant eux, si on ne pouuoit trouuer ny auerer tout sus l'heure les premiers chefs & auteurs de l'emotion. & Cornelius Tacitus au premier liure de ses Annales, où il parle de Mennius qui *duorum praesenti supplicio*, & de mesme façon appaisa la seditió aduenue és Legions Chauchoises, dict qu'il le cōmanda *bono magis exemplo quàm concesso iure*. Tant y a que voila donc le Droict & l'Exemple qui cōbattent l'vn contre l'aultre suyuant l'opinion de Cornelius: & s'il l'appelle, bon exemple, comme s'il le vouloit dire plus vtile que legitime. Mais qui plus est, voila vn Iuge en vne ville, & deux Capitaines en vne armée qui ont vsé de ceste voye que tantost nous appellions Violance, & iaçoit qu'ils ne fussent souuerains en leur Republique, mais eussent des superieurs par dessus eux. Or entre ces exemples, nous ne separons point ceux qui sont arriuez en temps de guerre d'auec ceux de la rogue & de la Paix, par ce que les moindres faultes en paix sont bien tenues en guerre pour des pl⁹ griefues, & les delais & formalitez de la Iustice reduicts & limitez à moindre cours: mais au surplus la procedure est vniforme, ainsi que nous auons dict cy deuant. & puis si dauenture il s'offre raison qui puisse faire patir & endurer la façon de tels procés si extraordinaires, nous trouuerons qu'elle aura tout aussi bien lieu en paix comme en guerre, en ville comme parmy les champs, aux festes comme aux iours ouurables. Quant aux Atheniens, oultre l'auctorité que nous auons ia raportée d'Isocrate, voyons en general quelle Iustice c'estoit que l'Ostracisme. on bannissoit & releguoit pour dix ans de la ville d'Athenes les plus vertueux,les plus riches, ceux qui plus auoyent merité de la Republique,sans les ouir, sans procés,mais qui plus est,sans crime ne faulte qu'ils eussent commise, ainsi que furent bannis Themistocles,Aristides,Thucidides, Cimon le precepteur de Pericles nommé Damon, & aultres dont les histoires Grecques sont toutes pleines. Car la forme que recite Plutarque en la vie d'Aristides, & Diodore en l'onziesme liure de sa Bibliotheque,& que le mot d'Ostracisme denote, dont les Atheniens vsoyent à chasser leurs citoyens de leur ville pour vn si long espace de dix années,ce n'estoit pas pourtant vne procedure iudiciaire.d'accusateur & d'accusé il n'y en auoit point, tant s'en fault qu'ils fussent ouis,ny aultres pour eux. le Peuple estoit seul Iuge & partie,qui par ses voix faisoit tumber la coquille & le hazart sur qui il vouloit. Et de dire que cest Ostracisme n'estoit pas vne punitió ne peine, soubs pretexte qu'on luy donnoit vn aultre nom que d'Exil ou bannissement:c'est s'arrester aux parolles,non à l'effaict. Les Syracusains en faisoyent tout de mesme, & ce bannissement ils l'appelloyent *Petalismus*. Que veult dire celà? de recompancer les mauuais, punir & molester les gens de bien?n'est-ce pas la maxime ordinaire, que tous Estats & Gouuernemés politiques, voire la Religió mesme,se conseruẽt & se maintiẽnent par ces deux poincts,du prix & de la peine?Et toutefois Xenophó au traicté qu'il a specialement faict à ce propos de la Republique des Atheniens, monſtre qu'il eſt quelquefois requis & neceſſaire en vne pure Democratie de tranſpoſer & peruertir ceſt ordre qui eſt d'ailleurs ſi digne de ſoy, ſi diuin, ſi raiſonnable, & autant ou plus neceſſaire que choſe qui ſoit en tout le monde. Il faut donc dire que comme au laboureur il ne ſuffit pas de regarder ſi la ſemance eſt bonne, mais ſi elle eſt propre au fons & à la terre: auſſi qu'és Republiques on ne cõſidere pas touſiours ce qui eſt iuſte de ſoy, mais conuenable à l'Eſtat, lequel ſe conſerue en vn lieu d'vne façon, d'vne autre en l'autre, celon qu'il tend à equalité ou diſparité des citoyens. Nous en pourrons parler plus amplement cy aprés. ce pendãt continuons noz exemples, & prenons touſiours les premiers ceux que nous trouuons auoir eſté mis en vſage és Democraties & Ariſtocraties, par ce qu'en tels gouuernemens la Loy cõmãde plus que l'Homme, & eſt conſequãment plus vraiſemblable que ce qui y a paſſé, a paſſé auec plus de crainte, de cõſideration & de raiſõ. Nous prendrons celuy que Tite Liue raporte bien au long au quatrieſme liure de ſa troiſieſme Decade parlant d'Andronodorus & de Themiſtius citoyens de Syracuſe. Il dict que la Republique de là ayant regagné ſa liberté par la mort de Hieronimus le Tyran, les Syracuſains procedans à l'election de leurs Preteurs & principaux officiers en la forme & ſolennité qu'vne cité frãche & libre a accouſtumé faire, & comme ils faiſoiẽt au parauant Hieron, furent ſi gratieux & debonnaires qu'ils firent Preteurs entre les autres cest Andronodorus, combien qu'il eust epousé la fille de Hieronymus, & aprés son decés tenu fort quelque temps contre la Chose publique: mais en recompance de ce qu'Andronodorus venu à compositiõ, auoit quitté ses forces, remis la place qu'il occupoit en l'obeissance du peuple, & que (pour le faire court) il s'estoit submis à la discretion & volunté de ses citoiens & de leurs Loix. Toutesfois par ce qu'il auoit gousté à la Principauté, il n'en pouuoit estranger & alliener son cœur: Tant c'est vn coquin appetit q̃ l'appetit de cõmander, & que qui a vnefois beu du vin des Dieux ne se peult plus à bõ esciant renger & accommoder aux nostres: ainsi comme nouuelles occasiõs se fussent offertes à Andronodorus de conspirer contre la Republique, mesmement au temps qu'il auoit puissance & auctorité de Preteur: il delibera auec Themistius de remettre sus la Tyrannie, surprandre les principaux Magistrats & les tuer, d'introduire les Romains en Syracuse, & faire tout ce que trainent apres soy telles deliberatiõs & entreprises. Ce neãtmoins vn nommé Aristo, auquel ils s'estoient declarez, preferant la charité de son pays à l'amitié qu'il leur portoit, denonça le tout aux aultres Preteurs, lesquels bien ebahis & voyans le danger qui les pressoit, confererent auec les plus anciẽs du Senat. car de le faire auec tous & en assẽblée il n'estoit pas expedient ne seur. Si prindrent resolution de poser gardes secrettement à l'entree du Senat, & que ſi toſt qu'Andronodorus & Themiſtius y entreroient comme ils auoient de couſtume, ils ſe ietteroiét ſus eux & en deferoiét le pays. Celà faict & executé, le ſurplus des Senateurs qui ignoroit l'occaſion de ceſt exploict faict ſans cognoiſſance de cauſe, faict au milieu du Senat, & qui plus eſt par les mains des principaux Magiſtrats qui ont les Loix en garde & en depoſt, trouuoient ceſt acte autant ou plus tyrannique & inique que ceux de leur Tyran Hieronymus, pour leſquels ils l'auoient tué & trainé par la voirie. Mais quand on leur eut dõné à entendre les cauſes, & qu'Ariſto fut introduit au Senat, lequel y diſcourut les poincts de la coniuration, & finalement apres que toutes les aultres preuues & coniectures d'icelle furent congnues: lors tout le Senat d'vne voix declara Andronodorus & Themiſtius coulpables, & l'execution bien, vtilement, & iuſtement faicte: & pour faire ſçauoir au Peuple ce preiugé, deputa Sopater l'vn des Preteurs, leql au milieu de l'aſſẽblée, où eſtoiẽt les corps morts d'Andronodorus & Themiſtius, cõme ſ'ils euſſent eſté là preſens pour ſe defẽdre, deduiſit leur cõiuration, la preuue qu'en auoit eu le Senat, le dãger où auoit eſté toute la ville, la puiſſance & les moyẽs qu'auoiẽt les cõſpirateurs q n'y euſt preuenu de la façõ: ſi biẽ q̃ le Peuple ſuyuãt l'auctorité & le conſentemẽt du Senat, pronõça que ces hõmes, dõt on ne voyoit plus que les corps, auoiẽt eſté crimineux de leſe maieſté: & ſi adiouſta biẽ pl⁹, c'eſt que leurs femmes & leurs enfans souffriroient pareille peine. O quels iugemens, s'il y a aultres iugemens que ceux d'entre Titius & Mænius cõme on dict au Palais : mais en quelque façon qu'on les puisse prendre, n'est-ce pas fureur plus tost que iugement ce qui passe iusques aux femmes & petits enfans des condamnez? qu'auoient merité les enfans d'Andronodorus ? falloit-il qu'ils portassent la faulte & la malice du pere? que l'innocent patist & endurast pour le coupable? & si pour auoir le bout de ceux là, par ce que le peril & le danger venoit d'eux, on a laissé toute solẽnité & forme iudiciaire : pourquoy à tout le moins n'en obseruoit-on quelqu'vne à l'endroit des femmes & des enfans? car n'estimez pas qu'ils ayent eu meilleure audience qu'Andronodórus & Themistius. Est-ce que celuy, à qui la mere est leguée par testament, est bien fondé à demander la suite & le profit comme vn naturel & inseparable accessoire: aussi que de la cõdemnation du pere & du mary s'ensuyue celle du fils & de la femme ? Mais ne la conclusion, ny la similitude n'en valent rien. car l'vn regarde à la conseruation du part qui periroit s'il ne suyuoit sa nourice: & l'autre à la ruine & discõtinuation du genre. Parquoy si de ce que nous pourrons dire vne autre fois touchant celà, ou de ce que ia nous auons dict & escrit en noz liures que nous auons intitulez *Decretorum ad Thuanum*, nous ne pouuõs excuser le peuple de Syracuse qu'il n'ayt failly (car luy seul fut auteur de la punition contre les femmes & les enfans) pour le moins quãt à l'execution des conſpirateurs, elle a double legitimation & approbation, l'vne du Senat, & l'aultre du Peuple. Mais il eſt temps que nous commancions à parler de la Republique de Rome, & puis nous viendrons aux Monarchies, où ces piteux exemples peuuent auoir eſté plus ordinaires, par ce qu'il eſt bien plus facile de conſpirer & attenter à l'encontre d'vn ſeul, que contre vne Republique, qui eſt ſouſtenuë de pluſieurs teſtes. Il y auoit trois cens quatorze ou quinze ans que la ville de Rome eſtoit baſtie, & n'agueres y auoient eſté receues & engrauees en cuiure les Loyx des Douze tables, quand à l'occaſion d'vne charté qui y ſuruint, vn Cheualier fort riche, nommé Spurius Melius, miſt en ſon entendement d'attenter contre la Republique, & ſ'vſurper le nom & le tiltre de Roy qui eſtoit odieux ſus tout au Peuple Romain. Pour y paruenir il gaignoit la bonne grace de la commune par infinies largeſſes & prodigalitez qui le rendoient ſuiuy & adoré plus que tous aultres, finalement comme il faiſoit appareil d'armes, & aſſemblees tãt de iour que de nuict en ſa maiſon, Lucius Minutius Commiſſaire des viures entre au Senat, l'aduertiſt de ces menées, & qui plus eſt que Melius auoit ia departy les compagnies, & ne reſtoit que l'occaſion pour commancer. Le Senat qui de long temps auoit en mauuaiſe eſtime les actions & comportemens de Melius, ne ſe peult contenir de blaſmer tant les anciẽs Cõſuls que modernes du peu de debuoir qu'ils auoient faict de preuenir à tels inconueniens, & qu'ils monstroient bien leur negligence d'auoir permis que l'aduertissemēt d'vn si grand cas fust party d'vn Commissaire des viures & non pas deux, qui n'en doiuent point tant auoir esté les premiers denonciateurs, que les Iuges pour en faire la punition & la vēgence tout chaudemēt. A celà respondit Titus Quintius Capitolinus lors Consul auec Menenius Agrippa, qu'ils áuoient tort de les accuser : parce que d'y donner ordre & chastier ces rebelles tout sus le chāp & par dessus les formalitez de la Loy, cōme il estoit bien necessaire, ils n'auoient peu, d'autant que l'office du Consulat n'estoit plus en la splendeur, puissance & auctorité qu'il auoit esté. car l'appel qu'on auoit receu d'eux au Peuple, & les oppositions & empeschemens des Tribuns diminuoient toute la force & la rigueur de leurs ordonnances, comme d'vn fer quand on luy oste la pointe & le tranchant. mais qu'il estoit necessaire d'auoir vn Magistrat qui eust autant de souueraine puissance, comme de bōne affection & volunté : c'est à dire, lequel fust par dessus les Loix, non adstrainct ny attaché à leurs formes & formalitez communes, partant qu'il nommoit pour Dictateur le bon vieillard Lucius Quintius Cincinnatus. Cincinnatus, pour le faire brief, prent à maistre de sa Chaualerie Caius Seruilius Hala : & apres qu'il eut mis gardes par toute la ville, va en la place commune, où seāt en son siege cōmande à Seruilius d'aller trouuer Spurius Melius & luy bailler assignation à heure presente par deuant luy. Melius se doubtāt & entēdant bien que c'estoit pour se iustifier de la delatiō que Minutius auoit rendue à lencōtre de luy, faict contenāce de se vouloir retirer parmy la presse. mais voiāt que le sergēt par le cōmandemēt de Seruilius luy mettoit la main sus le colet pour le refus & delay qu'il faisoit de venir, s'escrie en sorte apres le peuple que luy rememorāt ses liberalitez, il est recouru des mains de la Iustice, pousse le sergent, & s'euade. que fait Seruilius? il court aprés & luy tranche la teste. de là reuient au dictateur: fait son raport de la desobeïssance de Melius, de la rebellion dont il auoit vsé, de l'emotion du peuple, qu'il auoit d'abondant voulu faire: & pour ces occasions qu'où la Loy n'auoit plus eu de force, il y estoit allé par voye de faict, & l'auoit laissé la tout roide mort sus la place. Lucius Quintius au lieu de trouuer ceste execution mauuaise faicte sans forme ne figure de procés, & cōtre vn citoyen Romain, cōmança à loüer son Cōnestable d'auoir biē à propos & vertueusemēt deliuré sō pays. Si faict par mesme moyen cōuoquer le peuple, affin q̄ pour l'ignorance du faict il ne s'emeust: & mōtant en la tribune aux harengues leur discourut comme le tout auoit passé, & pour conclusion pronōça q̄ Melius auoit esté tué iustemēt & biē. qu'ores qu'il n'eust tasché de regner sus vn peuple franc & libre, que ce seul acte de n'auoir obey au dire du Dictateur, & d'auoir repousé l'huissier & le sergent faisant sa charge, meritoit punition extreme. Que de sa part il auoit monté au siege pour ouir Melius sus le faict dont il estoit accusé mais qu'aussi bien s'il eust comparu il eust r'emporté pareille peine que celle que Seruilius Hala luy auoit auancée, par ce que les preuues de ce qu'il auoit conspiré cõtre la Republique, estoiẽt toutes certaines. Quant à la forme, que puis qu'au lieu de venir en iugement où il l'attẽdoit, Melius auoit mieux aimé venir aux mains, il auoit esté licite par mesme moyen d'en auoir la raison par violance (si iuste force est violance) & proceder hostilement non point en forme ciuile, contre celuy qui n'estoit plus citoyen, mais ennemy de la Republique. Parquoy ce bon Dictateur pour plus grande exemple, & comme si la couuerture & les murailles de la maison où Melius auoit manié telles choses en estoiẽt mesmes pollues, & tous ses aultres biẽs gastez & infectez dõt il auoit par corruption voulu acheter & marchander la Tyrannie, adiousta à son execution, luy faisant encore vnefois son procés aprés la mort, que tous ses biens seroient confisquez, & sa maison rasée de fons en comble. ce qui fut faict, & la place pour perpetuelle memoire appellée *Æquimelium*. Or il arriua qu'vn an aprés se trouuerent aucuns, mesmes vn Tribun du peuple de la famille des Meliens, qui accuserent Minutius deuãt le peuple, comme s'il auoit faucement deferé Melius, & Seruilius Hala, de ce que sans condemnation il l'auoit occis. Mais (dit Tite Liue) tout le peuple de Rome ne fist cas de

ceste

ceste accusation, & ne voulut donner audiance aux demandeurs & accusateurs. de façon que voila beaucoup d'approbations de l'execution de Melius faicte sans procedure iudiciaire: premierement des Consuls qui iugerent que la necessité estoit telle, qu'il falloit s'aider de puissances & de remedes plus que solẽnels & legitimes: secondemẽt du Senat, qui se laissa cõduire à ce qu'y fust creé vn Dictateur. Car si (comme dict Plutarque en la vie de Fabius MAXIMUS) le Dictateur auoit ceste puissance & non aultre, de disposer, voire mesme sans congnoissance de cause, des biens & de la vie (& pour cela il s'appelloit Dictateur) il s'ensuyt bien que le Senat approuuoit ceste voye de punir quelquefois sans ouïr l'accusé, puis q̃ luy & to⁹ les Magistrats de la Republique, fors le Tribun du peuple, se depouilloient de leur auctorité pour la remettre en vn seul qui en pourroit ainsi vser s'il voyoit que bõ fust: tiercement de Cincinnatus, & apres luy de tout le peuple. Mais affin qu'on ne dist comme du peuple de Syracuse, qu'il y auoit eu de la cholere en ce faict: vn an aprés qu'elle eust eu assez de temps pour s'y attramper, le Peuple Romain en iugea tout de mesme n'admettant point la recherche qu'vn de leurs Tribũs en vouloit faire. Parquoy voila qui ebrãle biẽ ce que nous auõs neantmoins voulu & asseuré estre si perdurable & perpetuellement vniforme & consonant à la Nature. Quant à Tiberius Gracchus qu'occist Publius Scipio Nasica suiuy & accompagné du

Senat: à Caius Gracch⁹ frere de celuy là, & à aultres citoyens Romains, comme Flaccus, que desfist Lucius Opimius Consul: à Lucius Saturninus & Glaucia le Preteur que Caius Marius & Lucius Valerius Cõsuls firẽt mourir sans forme iudiciaire pour les meurtres, seditions, & troubles qu'ils auoient faicts & esmeus en la ville, q̃ est-ce qui a tant soit peu leu en l'histoire de Rome qui n'en ayt toute la cõgnoissance requise & necessaire à ce propos? qui ne sçache que Cicerõ en plusieurs lieux, mais principalement és Philippiques se sert de ces exemples là pour defendre Brutus & Cassius de la mort de Iule Cesar, qu'ils tuerent en plein Senat, comme fist Nasica Tiberius? Et quant à Lẽtulus, Cethegus, & aultres qui furent executez à mort pour la coniuratiõ de Catilina, c'est chose si vulgaire qu'il nous sembleroit fort mal seãt d'en amuser les lecteurs & nous aussi. Tant y a qu'en l'execution de Lentulus & ses complices cela n'est point tant à remarquer qu'ils ayẽt esté executez contre les formes des loix Romaines, c'est à dire, sãs iugemẽt, puis que c'estoit le Peuple seul qui en pouuoit congnoistre pour deux raisons, la premiere, cõsideré le crime, dont ils estoiẽt preuenuz, de perduellion: la seconde, veu leur qualité de citoyens Romains, & l'vn Preteur & Patritien: comme il est à cõsiderer qu'vn Caton, vn Catulus, vn Ciceron, gens si pollitiques, si humains, si obseruateurs de leurs Loix, ayent esté de cest aduis qu'ils fussent punis sans estre ouis & defendus cõme les aultres. Mais que disons nous de ces bõs Seigneurs là, quãd Cesar mesme en l'opinion qu'il dõna au faict de Lentulus, que recite Plutarque, cõfesse bien qu'où la Republique seroit en l'extremité qu'on disoit, on pouuoit cõmancer par l'execution? & en Saluste, qu'il recongnoist que Lentulus & ses cõplices auoient tellemẽt delinqué qu'on ne pouuoit rien ordonner à leur desauãtage si dur & si grief fust-il, qu'on le peust dire auoir esté cruellement ordonné ou executé? Car au surplus estant d'accord de cela, conclure neantmoins par vne opinion si douce comme il fist, c'est entre aultres choses ce qui le rendit plus soubçonné de la mesme coniuration dont lon traittoit. Si est-il vray toutesfois que le Senat, & encores Decius Iunius Syllanus designé pour Consul, fut d'opinion cõtraire. Et est cest exẽple d'aultant plus memorable, que cela mesme, dõt nous parlons, (*an qui indemnatus occidi possit?*) fut mis en deliberation de conseil, puis conclud & arresté à l'opinion de Catõ: & pour ceste occasiõ la clause mise & apposée au Decret, *si qua pœna minus legitimè exacta esset, placere id omne ratum esse: quique eius nomine vllum in ius posteà vocaret, is vti pro hoste haberetur.* laquelle clause en pareils cas les Canonistes appelent *suppletio defectus* en la Clementine *Pastoralis de sententia & re iudicata.* Que si Opimius & le bon Ciceron furent en peine pour n'auoir guardé les formes, ce fut à tort. de faict Opimius en fut absoult: & pour le regard de Ciceron, le Decret que fist le

Senat qu'il ne se depescheroit ny arresteroit chose quelconque apartenant au public que son retour ne fust premierement ordonné: ce qu'en voulut & commanda le Peuple auec vne si grande allegresse & consentement de tous les Estats de la ville: & depuis encores le Senat à l'enuy, q̃ les citez qui auoient receu & honoré Ciceron, pendant son absence seroient remerciées, & ses maisons & possessions demolies par Clodius, rebasties du public, apportent vne seconde approbation, qui plus est de ce qu'il auoit faict, & plus celebre que la premiere. par ce que celle là n'estoit que du Senat, & celle cy de tout le peuple. Il ne faut pas dissimuler toutefois qu'il y eut à l'execution de Lentulus quelque cognoissance de cause. car il fut amené au Senat, il y fut ouy, on luy confronta, & à ses complices, Titus Vulturtius, les Ambassadeurs des Allobroges, leurs lettres missiues qu'ils recogneurent, & finalemẽt confesserent. mais ceste cognoissance de cause n'estoit pas legitime. Car (comme nous auons dict) c'estoit au Peuple d'en cognoistre: il falloit qu'il y eust vn accusateur, que iour fust donné pour ouir les parties en plaidoirie, que l'accusation print son cours, que Lentulus eust eu Orateurs & Aduocats pour se defendre. brief il falloit garder les formes, que nous reciterõs au second liure. Ce pendant c'est ce que nous auons dict, qu'il y a pareille raison de n'ouir point du tout vn accusé, ou de ne l'ouir pas cõme il fault. Que si on peult dispenser de partie, on le peult biẽ aussi faire du tout celon q̃ plus ou moins les affaires nous preſſent. Car du plus au plus, & du moins au moins il y a pareille raiſon & proportion. Quant au chef de ceſte coniuration qui eſtoit Catilina, il eſt certain que du cõmancemẽt qu'elle n'eſtoit pas encore bien decouuerte, cela meſme que Lucius Paulus entreprint de le traitter par deuant luy, apporta vne nouuelle crainte & frayeur à la ville. car beaucoup de ceux qui eſtoient de la cõſpiration ſe prindrent à eleuer, ſi bien que le Senat ſans attendre que l'accuſation fuſt parfondie, enioignit à Catilina de vuider, & depuis en ſon abſence voyant qu'il ſ'eſtoit retiré auec Manlius, & qu'ils prenoient les armes, ſans les r'adiourner de nouueau ny leur faire procés par contumace, les cõdamnerent & declarerent rebelles & ennemys de la Republique. Pour le regard de Iules Ceſar, nous n'y toucherõs point par ce q̃ ce ne furẽt pas gẽs q̃ euſſẽt toute ſouueraine puiſſance, & qui fuſſent par-deſſus luy qui le tuerent (Brutus & Caſſius n'eſtoient que Preteurs) & que ce ne fut pas auſſi par forme de punition ordonnee par le ſuperieur, qu'il fut occis, mais par reuolte q̃ les anciens ont dict (les Chreſtiens non, teſmoin le Cõcile de Cõſtance,) eſtre licite contre Tyrans & aultres qui nouuellemẽt vſurpent domination cõtraire à l'ancien eſtat & gouuernement. Or puis que neantmoins nous ſommes venus iuſque à celuy qui trãsfera la republique de Rome au dire & commandement d'vn ſeul, voyons les exemples des Monarchies, & ne choiſiſſons que ceux qui ſe pourrõt moins prendre & detourner en mauuaise part. Car à grand peine voudrions nous donner conseil de tirer les aultres à consequance, que (comme nous dirons cy apres) nous n'en loüons n'y n'approuuons pas vn pour en faire estat & compte de s'en aider. Car encores que Cesar, dont nous parlions tantost, le dist à aultre intention (il tendoit à Monarchie, non à l'entretenement de l'estat où il estoit né) toutefois il disoit vray comme le raporte Saluste, que si vne fois on commançe à mettre la main au sang par dessus les solénitez requises cōtre ceux mesmes qui l'ont bien merité, par apres on se laissera facilement aller à faire le semblable aux gens de bien: par ce qu'ordinairement tous mauuais actes viennent de bons & loüables cōmancemēs, & est nostre naturel si enclin à nous flater, qu'à ce que de l'Antiquité nous estimons qu'il couure noz actions mauuaises, nous luy allongeon le nez facilement: & à celles qui ont quelque imitation & ressamblance d'humanité & de modestie, nous les prisons & eleuons plus que tous faicts & actes de noz maieurs. Toutesfois par ce qu'il n'y a rien en ce monde tant vtile soit-il qui ne soit accompagné de quelque inconuenient contraire, suyuons nostre propos, & puys nous auiserons à temperer & accommoder le tout le mieux qu'il sera possible. car au surplus poison est tousiours poison, mais tantost plus ou tātost moins celon qu'elle est corrigée ou irritée d'aultres drogues & bonnes ou mauuaises liqueurs.

Artabanus estoit chef & capitaine des gardes de Xerxes Roy des Perses. Si luy print enuie de cõmander luymesmes & de s'inuestir de la couronne. Partãt pour la priuauté qu'il auoit, il trouue moyen de faire mourir le Roy secrettemẽt. mais parce qu'il laissoit deux enfans, Darius & Artaxerxes, & qu'il falloit se defaire d'eux pareillemẽt premier que de pouuoir occuper le Royaume: la finesse dont il s'aduisa, fut, de mettre diuision entr'eux, & faire tant qu'ils vinsent aux mains l'vn contre l'autre: ce qu'il obtint donnant à entẽdre au puisné que ç'auoit esté Darius sõ frere, lequel ne pouuant plus porter d'attendre si longuemẽt la succession, que luy donnoit son droict d'aineesse, auoit auãcé les iours au pere. Ainsi le ieune homme ayant opinion qu'il disoit vray, meu de pitié, meu d'vn si grãd loier qui suyuoit & accompagnoit de prés la vangeãce d'vn si malheureux meurtre, faict tant qu'il vient à bout de son frere aisné. Artabanus bien ioyeux lors que ses affaires s'acheminoient mieux quasi qu'il n'esperoit, & se sentant fort d'aliãces, fort de six ou sept enfans qu'il auoit tous vaillans & braues, se decouure à eux, & leur commãde de tuer Artaxerxes, leur disant qu'ils n'auoient plus q̃ ceste teste à abattre qu'ils ne vissẽt le Sceptre & la couronne en leur maison. Mais tout ainsi que le feu qui a dormy & couué longuement, quand il est prest de prẽdre l'air, de ietter & epãdre sa flamme, il se decouure par sa fumée, odeur, & petillemẽt qu'il faict, si bien qu'on court incontinant à l'eau:

aussi durant que nous estimõs noz actiõs difficiles & loing du but, la crainte & le danger, cõme la cendre le feu, nous aide beaucoup à les celer: sommes nous prés de nos dessains? c'est lors que nous eblouissons, & que pour l'aise de ce qui est ia passé, il nous eschape des mots & cõtenances qui nous decouurẽt. Par ce moyen la trahison & conspiration d'Artabanus venuë à congnoissance, que faict Artaxerxes? de pẽser mettre la main sus le colet à Artabanus, & luy faire & parfaire son proces le tenant en vne prison fermée, il n'y auoit nul ordre. Il estoit grãd Seigneur de luymesmes: il tenoit les forces du Roy en main, il auoit nombre d'enfans portãs les armes: & puis, cõme tout homme coulpable, il se gardoit clos & couuert. Le meilleur donc estoit de dissimuler, & faire mine & cõtenãce de se vouloir seruir d'Artabanus & l'amployer plus que iamais, comme si c'eust esté de luy seul qu'Artaxerxes tenoit l'Estat & la domination qu'il auoit. Partãt Artaxerxes feint qu'il auoit guerre ouuerte cõtre vn sien ennemy voisin, & cõmande pour ceste occasion à Artabanus d'assembler toutes ses forces, & qu'il vouloit luymesmes estre present à voir les mõstres de sõ armée. Ainsi que cela se faisoit, & que Artabanus en son rãc passoit par deuant luy, Artaxerxes soubs couleur de le cherir & le gratifier, s'approche de luy, manie ses armes, dit qu'il vouloit changer auecque luy: & cõme Artabanus ostoit les siennes pour les presenter au Roy, Artaxerxes le voyant decouuert & à son aduantage, le tue de ſa propre main en la preſence & au milieu de tout ſon camp. Quant aux enfans qui eſtoyent parmy les bandes, il les faict auſſi toſt prendre & ſaiſir au corps. Il fault bien dire que ce Roy eſtoit en vne grande perplexité, de n'auoir oſé prendre conſeil, ne decouurir ſon intẽtion à homme quelconque, doubtant qu'il ne fuſt plus à la deuotiõ de ſõ Capitaine des Guardes que de luy-meſmes, & conſequamment ſe viſt en plus grand danger que deuant, ſi Artabanus ſçauoit la reuanche qu'il vouloit prendre de luy: & en ce faiſant choſe bien pitoyable que Artaxerxes ayt eſté forcé iuſques à là, non point tãt de punir Artabanus ſans l'ouir, comme d'en eſtre la partie, le Iuge, & l'executeur tout enſemble. Iuſtin & Diodore le recitent ainſi. Quant à Alexandre le Grand Roy des Macedoniẽs, aprés qu'en Iuſtice, & ſelon ſes regles il eut faict le procés à Philotas (qui eſtoit comme ſon Conneſtable) & aultres coupables de la coniuration faicte à l'encontre de ſa perſonne: ne reſtant des conſpirateurs que Parmenion pere de Philotas, qui eſtoit, lors de l'execution de ſon fils, hors de la Cour & Lieutenant pour le Roy auec armée au Royaume de la Medie: Alexandre auiſa, conſiderée la puiſſance, le credit, & le commandement qu'il auoit, que ſ'il eſtoit aduerty que ſa conſpiration euſt pris vent, & qui plus eſt, de la punition de ſon fils, y vſant de longueur & procedant contre luy par les voyes & façons de la Iuſtice, Parmenion ſe declareroit & luy feroit la guerre ouuertement: auisa qu'il estoit necessaire de preuenir Parmenion, & le fist du conseil des plus grans Seigneurs de sa Cour. Si enuoya Philodamus en poste pour le tuer, auec lettres aux bandes pour approuuer & auouër le faict si tost qu'il auroit esté executé, cõme il fut, ne se doubtant Parmenion de chose quelconque qui luy deust venir qu'à sa faueur & honneur de la part d'Alexandre son Roy. Or il n'y a guere Autheur qui blasme cest exemple, mais bien celuy, dont il vsa puis aprés à l'endroit de Callisthenes cousin d'Aristote, dont nous parlerons en son ranc. car la difference de ces deux cas, & la consequance qu'ils se sont donnez l'vn à l'autre, nous pourra par aduenture conduire & mener par la main à ce qui se pourra honnestement definir en vne matiere si glissante & perilleuse de tous endroits que celle cy. Ce pendant amenons encore trois ou quatre exẽples des Empereurs Romains, & puis nous nous contenterons de celà, affin que si nous recherchions trop curieusement tous ceux qui pourroiẽt bien venir à ce propos, il ne semblast que nous en estimons le subiect plus plaisant & aggreable qu'il n'est. Mais à Dieu ne plaise, quand bien nous en parlerions plus au long, qu'on nous estimast pour celà d'vn cueur dur & inhumain, non plus qu'vn Philosophe cruel & austere pour traicter en son Eschole des tõnerres, des foudres, de la tempeste, des ouuertures & engloutissemens de terre. Toutefois si le malheur de nostre siecle faict que plus legerement on prenne ce qu'on dict & escript en mauuaise part, nous laisserons courrir ce malheur là parmy les aultres, pour nous dire, que l'Empereur Marcus, qui fut surnommé le Philosophe, laissa à l'Empire de Rome Commodus son fils encore bien ieune. Nous raporterons donc ce qui luy arriua des ce temps là, à fin que pour sa grande ieunesse on ne luy impute rien qui n'ayt procedé autant ou plus du Conseil, qui estoit entour de luy, que de luy mesmes. Commodus auoit donné la charge de son infanterie Pretorienne (qui estoit celle que les Empereurs auoyent coustumierement prés d'eux) à vn gentil & vaillant personnage, qu'on appelloit Perennis. Si luy tumba tout aussi tost en fãtasie que le bas aage de Commodus, & les forces qu'il auoit en main luy estoyent vne eschelle prompte & aisée pour monter à la Monarchie. Parquoy du commancement, à fin que ce ieune Prince n'entendist rien en ses affaires, & qu'elles tumbassent par ce moyen toutes en luy, il le nourrissoit & entretenoit en plaisirs & delices mondains. De penser au manimẽt des affaires ce n'est que labeur & rompement d'esprit, ce luy disoit Perennis. O quel fidele Precepteur ! tel n'estoit pas le Seigneur de Chieures à l'ẽdroit de Charles d'Austriche, dont parle du Bellay en ses memoires ! Ainsi venant à corrompre le naturel, & ce qu'il y auoit de beau & de bon en Commodus, il concilioit à son Prince vn mespris & affection mauuaise de ses subiects,

& à luy du contraire, faisant l'homme de bien & du bien entendu, vne faueur & bienueillance de tout le peuple. Puys peu à peu, par ce qu'en la Cour de l'Empereur, s'il fust arriué inconueniẽt en sa personne, y auoit plusieurs grãds seigneurs qui luy eussent peu faire teste & rompre ses entreprises, fist tant par faulces accusatiõs qu'il en fist mourir & abséter la plus part. Et pour auoir encore plus à sa deuotion la gendarmerie & les Legions ordinaires (qui de tout temps ont eu grande puissance pour decider & ordonner de l'Empire) procura vers Commodus qu'il donna à vn sien fils la charge & le commandement des vieilles bandes, qui estoyent en Illyrie. Mais lors commancerent les actions de Perennis à estre suspectes à Commodus: & finalement comme on luy eust apporté de la monnoye que le fils auoit faict battre en Illyrie soubs le nom & armes de son pere & de luy pour en gratifier & corrompre les gens de guerre: il ne fut pas question à Commodus de leuer vn decret de prise de corps d'vn de ses Iuges & le bailler à executer à quelque Preuost des Mareschaux mercenaire, & qui paraduenture eust esté de la façon de Perennis: & moins iceluy pris, de penser de luy pouuoir faire & parfaire son procés en vne conciergerie soit par deuant le Senat, par deuant le Preteur ordinaire, ou par Commissaires specialement déleguez pour cest effaict. La beste se fust trouuée plus puissante & roide que les fillets, & si peult estre qu'elle eust encore tiré à ſoy le peſcheur & le veneur. Parquoy eu ſus ce le plus eſtroict conſeil qu'il fut poſſible, feignãt de nuict qu'il luy eſtoit ſuruenu affaire preſſée, enuoya par deuers luy iuſques au lict, & le fiſt tuer là. A l'inſtant meſme depeſche vn courrier en Illyrie (nul ne courroit la poſte ſans lettres patentes des Empereurs) auec lettres à Perennis le fils, par leſquelles il luy mandoit que laiſſant là pour quelque temps homme qui cõmandaſt en ſon abſence, il le vint trouuer tout promptement, & à peu de ſuyte. Perennis obeït auſſi toſt penſant que ce mandement venoit de la menée & prattique de ſon pere propre. Mais comme il mettoit le pied en Italie, il trouua des auancoureurs qui le tuerent. Voilà comment Commodus fiſt Iuſtice, ſi nous pouuons dire que Iuſtice ſe meine & manie quelquefois de ceſte ſorte. Or paſſons oultre. ce dernier exemple & ceſthuicy ſont de Herodien, ſçauoir eſt que Seuerus l'Empereur fut ſi embabouiné de Plautien, duquel il fiſt eſpouſer la fille à Antonin ſon fils que combien que Saturnius le Tribun luy monſtraſt le cartel eſcript & ſigné de la main de Plautien, par lequel il luy donnoit mandement de l'occire, toutefois il n'en vouloit rien croire, iugeant que c'eſtoit vne faulſe accuſation qui luy eſtoit dreſſée par Antonin qui n'aimoit ny la femme ny le beau pere. Mais quand Saturnius, pour mõſtrer ſon aduertiſſemẽt bon, ſ'aduiſa de ſupplier l'Empereur qu'il luy permiſt d'enuoyer vers Plautien luy dire à faulſes enſeignes qu'il vint tout seurement enuahir le Chasteau, & que ce qu'il luy auoit dict estoit executé, & verroit les corps tous estandus de l'Empereur & de son fils: & que Plautien ne failliroit pas d'accourrir, lequel salué & nommé Empereur par Saturninus entra en armes couuertes en la chambre de Seuerus: tout sus le champ & sans aultre procés il fut mis & executé à mort. Sautons maintenant iusques à Leo, dont parlent Procopius, Euagrius, Zonaras & aultres Auteurs. Car aussi bien les derniers temps se r'aportent mieux à ceux qui les suyuent de prés. Basiliscus beaufrere de Leo Empereur, se voyãt Lieutenant en l'armée contre Gizericus Roy des Vandales, delibera de chasser Leo de ses armes propres, & de se rendre Empereur. Pour s'y acheminer plus tost, il fist tant qu'il attira à sa faction & volonté les deux plus belliqueux & plus grans Seigneurs qui fussent lors, Aspar & Ardaburius. Car Aspar auoit bien tel credit & auctorité que luy mesme, eust esté éleu & nommé Empereur au lieu de Leo, sinon qu'il estoit Arrien, & tout le peuple en vouloit vn Chatolique. Tant y a qu'estant de ceste opinion là, plus volontiers aussi desiroit-il fauoriser à Gizericus, par ce qu'ils estoyent de mesme secte. Car puis que les passions & affections de l'entendement penetrent plus & nous commandent par dessus tout aultre debuoir & obligation externe, il ne fault pas trouuer estrãge si nous portons perpetuellement vne secrette faueur & bienueillance à ceux qui les ont cõmunes & semblables aux nostres. Le moyen doc qu'ils auiserent pour oster l'Empereur Leo & instaler Basiliscus, fut de tirer la guerre en vne longueur, & si Gizericus venoit aux mains de luy laisser rauir & emporter la victoire. Car attendu la necessité qui seroit lors, ils auroyent tousiours les armes en leur puissance, seroit Leo contrainct de les rechercher, & affoibly des pertes qu'ils luy auroyent pratiquées, plus facilement viendroient à leur vouloir & intention. Mais Basiliscus, de retour qu'il fut à Constantinople, ne peult dissimuler que la prise & l'auantage qu'il auoit donné sus luy à Gizericus estoit pour la retourner contre Leo. parquoy il n'eust moyen de se sauuer que de s'aller ietter aux franchises des Eglises Chrestiennes, qui estoyent en ce temps là inuiolables. Brief l'Emperiere sa seur tout ce qu'elle peult faire fut de luy sauuer la vie. Quant à Aspar & Ardaburius, qui auoyẽt quelque excuse d'auoir fauorisé à Basiliscus tenant le ranc qu'il tenoit, aussi pour leur grande vaillance & auctorité, Leo tascha premierement de les retirer par douceur, & se les rendre fideles & affectionnez seruiteurs & amys, iusques à là que d'en obliger l'vn par alliance, & donner sa fille à son fils en mariage. Mais tout ainsi que le corps qui a esté vnefois pris & assailly du hault mal, ou de l'apoplexie, quelque apparoissance de guarison qui vienne aprés, la mauuaise temperature y est tousiours, & tost ou tard resaisist son patiẽt.

aussi celuy qui à vne fois esté infecté du vice de rebellion, ne sera iamais à bon esciant bon subiect. Celà aduint à Aspar & Ardaburius, ausquels ny l'aliance qu'ils auoyent auecque Leo, ny là douceur & gratieuseté dont il auoit vsé en leur endroict, n'apporta aultre amendement qu'vne affection plus rusée de vouloir continuer & tendre à leurs fins plus dextrement. Mais leurs machinations estant encores vne fois decouuertes, Leo y voulut donner ordre par Iustice. Eux sentans celà passent la mer de Constantinople en Chalcedoine, où pour inciter le peuple à commiseration & emotion, pendant aussi que leurs alliez s'assembloyent, se retirerent pareillement és Eglises. Si fut lors question d'enuoyer des Deputez les vns aux aultres, & de traicter des moyens de pacifier ces troubles qui s'en alloyét allumant. Finalement Aspar & Ardaburius se laisserent aller, quoy qu'Aspar dist souuent à Ardaburius, que s'ils ne deuoroyent ce Lyon les premiers, tost ou tard il se repaistroit d'eux: & à la persuasion d'Acacius Euesque de Constantinople, & soubs l'asseurance que leur fist Leo d'oublier tout le passé, ils reuindrent en Cour. Leo leur faict quelque temps la meilleure chere dont il se peult auiser, les reçoit au conseil, les faict soir à sa table, ne les refuse de rien. mais vn iour il les fist tuer à l'improueu comme ils passoyent au Chasteau d'vne galerie en vne aultre plus sombre. celà faict il separe sa fille d'auec le fils d'Aspar & le bannist. Iustin en fist de mesme à Vitilia-

à Vetalianus, qui s'estoit plusieurs fois reuolté & faict la guerre à Anastase son deuancier. Car sentant que ce luy estoit vne grosse épine en son pied, que d'auoir vn subiect qui luy peust faire la guerre quand il voudroit : ce qu'il ne pouuoit faillir à entreprendre soit que Iustin osast mesmes penser à le vouloir punir par Iustice pour les rebellions par luy faictes du temps de son predecesseur Empereur, ou que l'on considerast l'ambition & conuoitise de dominer qui estoit en luy. Parquoy Iustin se resolut de l'auoir par finesse, puis que ny la force ny la Iustice n'y pouuoyent rien. Il luy faict paroistre qu'il n'aymoit seigneur plus que luy. quant aux biens & honneurs il luy en departist si largement que le pauure homme aueuglé de tant d'eau benite de Cour, & ne se doubtant plus de rien, se trouua vn soir si mal seruy qu'il en mourut tout sus l'heure. Nous pourrions amener beaucoup d'exemples semblables, & qui approcheroyent mesmes iusques à nostre saison, mais nostre discours sera plus doux s'il se contient en la narration de ce qui s'est passé par deuant nous. Ce qui est recent, ores qu'il fust memorable, toutesfois la souuenance en est facheuse. c'est comme des roues & machines nouuellement faictes, ores qu'elles soyent plus belles & de meilleure estoffe que celles qui ont seruy : toutesfois par ce que l'ouurage en est tout frais, elles rendent vn son dur & aigre aux oreilles, que n'ont plus les anciennes. Or voyons donc ce que nous pouuõs inferer de noz exemples, & puis nous passerons plus oultre, de cõsiderer s'ils ont mesmes en soy quelque raison & Iustice qui les defende, cõbien que certainement l'apparẽce n'y soit pas du premier coup, par ce que nous en auõs dict & deduict cy deuãt. Nous pouuõs inferer que s'il se presente iamais occasiõ de commãcer par où se doibt clorre & terminer l'ordre Iudiciaire, qu'il est necessaire que cinq poincts concurrent ensemble. Le premier, que ceux qui vseroyent de telle puissance, fussent Princes legitimes & naturels : le second que ceux à l'encõtre desquels on en vseroit, fussẽt subiects: le troisiesme, qu'ils fussent coupables non de tout crime, mais de crime de lese maiesté au premier chef: Le quatriesme, qu'ils fussent neãtmoins tels, si puissans, si factieux, & les affaires en tel estat, que la Iustice ne s'en peust faire aultrement sans le peril & danger extreme du Prince ou de la Republique: le dernier, qu'apres l'executiõ on fist le procés au cadauer ou à la memoire, & puis encores à quelques vns des cõplices & aliez de moindre estat, par l'issue & euenement duquel les machinatiõs & entreprises de ceux qui auroyẽt esté les premiers punis, fussent entieremẽt & indubitablemẽt decouuertes. Si biẽ qu'ẽ ce faisãt, & ores que nous eussions proposé de tretter en premier lieu des punitiõs faictes sãs forme ne instructiõ de procés, nous y trouuerons encores quelque maniere d'instruction, mais plus estroite & plus extraordinaire q̃ celle que les Praticiẽs appellẽt ainsi. Car s'ils vsoyẽt bien du terme des anciens

Romains,auquel neantmoins il ſemble qu'ils ſe raportent,ils ne nommeroyent pas l'accuſation extraordinaire celle qui eſt pourſuyuie par recollemēt & cōfrontation : veu que l'inſtruction eſt ordinaire quād en quelque matiere ciuile ou criminelle qu'elle ſoit faicte, elle eſt faicte celon les regles,l'ordre & formalité des Loix Iudiciaires: mais diroyēt qu'on procede extraordinairemēt,quand en delaiſſant les Iuges, les delais fins & concluſions accouſtumées, on baille des Cōmiſſaires,on propoſe des formes non point illegitimes, mais vn peu élongnées du ſtile & de la pratique ordinaire. A le prēdre ainſi, l'inſtructiō dont nous parlons (ſi inſtructiō ſe peult dire) ſeroit à la verité la plus extraordinaire de toutes, comme la plus reduicte au petit pied. Examinōs donc noz cinq regles tirées de ces vieux & anciens exemples: par ce moyen nous entrerons peu à peu aux excuſes, defenſes & exceptiōs que peuuent auoir tels ſi ſecrez & precipitez iugemens. Quād nous diſons qu'il eſt neceſſaire que celuy qui faict ou commande telles executions, ſoit legitime & naturel Prince: nous voulōs dire,que cōme de la difference qui eſt entre le pere legitime & illegitime, & celon que naturellement l'amour & la charité eſt plus ou moins engrauée au cueur & en l'entendement de l'vn que de l'aultre, l'on vient à interpreter leurs actions, pis ou mieux octroyer & permettre à celuy-là ce qu'ō refuſe a ceſthuy-cy: auſſi nous voulons dire que les actions d'vn vray & naturel Prince, duquel l'Estat & le Gouuernement est receu & confirmé par longue succession ou election paisible & aggreable à tous, sont bien à distinguer d'auec celles d'vn nouueau Prince ou Magistrat lequel pour funder & asseurer son estat qu'il vsurpe, le cõmance par force, cõme Nabis & les aultres Tyrans de Lacedemone. Ceux cy en punissant vn de leurs subiects sans l'ouir, quand ils y amploiroyent toute l'eau de la mer, toutes les figures des Orateurs, toutes les vmbres & traces des Paintres, ne se sçauroyent iamais lauer & couurir en sorte qu'ils peussent faire croire & persuader qu'ils ont eu iuste & legitime occasion de ce faire. Les harengues, sermens, & protestations qu'ils en feroyent, resembleroyent tousiours à celles que les loups tenoient aux brebis, qui pour traicter entre eux appoinctement les alloyẽt preschans & persuadans qu'il estoit iuste & raisonnable qu'ils leur liurassent les gros matins qui les gardoiẽt. mais le Prince duquel on ne reuoque point en doubte l'estat, car il est naturel & voluntaire: la domination, car elle se sent de la Loy: La raison & Iustice, car elle est accompagnée de douceur, & d'humanité: qui est-ce qui à tout le moins de prime face, ne luy donra la presumption qu'a le pere vers son enfant, le tuteur à son pupil, le maistre sus son disciple, le pilote contre son nautonnier? sçauoir est que le chastiment quel qu'il soit dont ils vsent contre eux, par ce que il procede d'vne legitime puissance & affectió reciproque, est tenu pour iustemẽt, & meritoirement aduenu, ſinon qu'il apparoiſſe bien du contraire: auſſi que tout ce qu'a faict ce Prince, il l'a biẽ faict, & plus à l'vtilité publique, que au profit & auancement de luy ſeul? iamais ne ſe diſt mieux que ce que dict le doux Mition en Terence,

Duo cùm idem faciunt ſæpe,
Hoc licet impunè facere huic, illi non licet:
Non quod diſsimilis res ſit, ſed quòd is qui facit.

En l'eſtranger, c'eſt vne vehemente preſumption de crime d'eſtre trouué ſeul & à part: au lieu que ſi c'eſtoit le pere ou la mere, le fils ou la fille, leur qualité tout au contraire & la nature qui y repugne, iette meſmes au loing & n'admet aucunement la ſeule ſuſpitiõ entre eux d'opprobre & d'impudicité. Nous ne voulons pas toutefois dire que ce ſoit vn argument neceſſaire. Car le plus iuſte & legitime Prince ſe peult auſſi bien deuoier & errer qu'vn aultre. mais nous parlons de ce que luy demeurant en ceſte habitude, & diſpoſition de bon & legitime Prince, a de prerogatiue & de preſumption pour luy au prix de l'vſurpateur & du Tyrã. Qui ne voit que les beſtes meſmes ont ceſte conſideration à l'endroit de ceux qui les traittent, quand elles ſouffrent & endurent d'eux iuſques aux coups, & à l'eſtranger ne permettẽt pas voire qui les manie? n'eſt il pas vulgaire ce que Diodore Sicilien au dixſeptieſme liure de ſa Biblioteque recite des chiens que le Roy Sopithés dõna à Alexandre le grãd? mais pour reuenir aux hommes, ſi les Romains ayans tout freſchement chacé leur Roy,

& de Monarchie reduict leur Estat en administration Populaire, eussent puny les nepueuz de Collatinus sãs forme ne figure de procés, iaçoit qu'ils fussẽt indubitablemẽt coupables : qu'eussẽt dict les estrãgers? qu'eust dict vne bõne partie du peuple? n'eussẽt ils point r'appellé Tarquinius, trouuãt cest acte plus inhumain, plus cruel, plus insupportable que le violement de Lucrece? Et toutefois la Republique biẽ establie & cõstituée, telle punitiõ faicte sãs l'ordre des Loix ne l'eust nõ plus remuée, pour en ébrãler le corps & le total, que celles de Melius, celles des Gracches, de Lẽtulus & des aultres que nous auõs recitez cy deuãt. Pourquoy celà? par ce que d'vn nouueau maistre on en regarde & obserue les actions de plus pres: de l'anciẽ, qui est tout recongneu & aououé, elles passẽt cõme vne vieille mõnoye, sans peser. Et veritablemẽt pour ne sortir de la similitude & cõparaisõ où nous sõmes: l'espece d'or ou d'argẽt bien ou mal imprimée qui sort du coing & de la Monnoie publique, est tenuë & estimée bõne, & a sõ cours: ou celle qui part d'vne fauce Mõnoye, tãt biẽ taillée fust elle, on la reiette. car elle mãque de ce qui luy dõne poix, credit, & auctorité. Que seroit-ce donques au pris si elle estoit mal & lourdemẽt fabriquée? Ainsi est-il de la Iustice & punitiõ faicte par le vray & legitime seigneur, quãd toutes les formes, nõ plus que les lettres ou armoiries en vn escu, n'y aparoistroyẽt pas cleremẽt, elle ne laisseroit d'estre ou resẽbler de prime face, droicte & legitime punition: pour l'auctorité & prerogatiue qu'il a: ce qu'õ ne sçauroit dire de mesme du Seigneur qu'õ ne cõgnoist pas biẽ&approuué pour tel. Dauãtage quãd no⁹ disõs, Roy ou Prince ſouuerain, no⁹ inferõs q̃ les Iuges q̃ ſõt liez & adſtraincts aux loix & ordõnãces, ne peuuẽt pas vſer de la voye extraordinaire dõt nous parlõs. Peuuẽt ils biẽ aucunefois paſſer par deſſ⁹ quelq̃s formalitez, cõme appellatiõs ou recuſatiõs friuoles, iuger à mort la preſdinée, iuger en habit non cõuenable, & ailleurs *quam in loco maiorũ*, ſ'il eſt queſtiõ, ainſi q̃ dict Vlpiẽ, d'appaiſer quelque ſedition & emotiõ dãgereuſe, ou pour aultre vrgẽte neceſſité q̃ peult venir. mais du tout ne garder point de forme Judiciaire, ſoit q̃ le crime euſt eſté faict en la preſẽce du Iuge tenãt ſõ ſiege, ou qu'ẽ vn trouble on ſe puiſſe vanger ſus le premier venu cõme nous auõs dict, le Iuge ſubiect aux loix ne le peult faire. Ie paſſe pl⁹ oultre, que meſmes vn Lieutenãt de Roy n'a pas ceſte auctorité, qu'il ne fuſt tenu en rendre cõte tout auſſi bien qu'ũ priué, à q̃ iaçoit q̃ la loy permette de tuer le Tyrã, l'adultere, & le voleur nocturne, c'eſt toutefois à la charge de montrer & prouuer en iugemẽt ſ'il y eſt cõuenu q̃ ils eſtoiẽt tels. Il eſt biẽ vray qu'il y a pl⁹ de cõſideration en l'vn qu'ẽ l'aultre. Car le Magiſtrat q̃ eſt perſõne publiq̃ verbaliſãt ce qu'il faict & l'atteſtãt de ſes miniſtres (aultres perſõnes publiq̃s) qu'il a touſiours autour de luy, eſt & doibt eſtre cru a ſõ rapport: & tels procés verbaux faicts en l'acte & ſus l'heure meſme (cõme d'vne force & rebelliõ faicte à Iuſtice) tiẽnent lieu de procés ſõmairement faict & ſus le champ: ou quant à la perſonne priuée, elle n'eſt pas crue à ſa parolle, & ce que la loy luy permect de se vager soymesme, ce n'est principalemẽt que à fin de terreur qu'elle le permect : aultrement certes on descenderoit facilemẽt des homicides permis à ceux qui ne le sont ny peuuent estre. Et si d'ailleurs entre Officiers & Magistrats, ceux d'vne Democratie ou Aristocratie ont bien quelque plus grande puissance. par ce que du temps qu'ils sont en leurs Estats & Offices, toute la maiesté & auctorité de leur Republique reside & reluist en eux aucunemẽt. ou quant aux Iuges & Officiers d'vne Couronne, ils ne peuuent rien d'eux mesmes, ains branlent tous soubs les mandemens & ordonnances d'vn seul. Parquoy si nous ne trouuons ny à Rome, ne en l'ancienne Grece que leurs Preteurs & Magistrats, soit en ville ou és Prouinces, ayent iamais eu ceste auctorité de punir sans procedure Iudiciaire, sinõ que pour vn tẽps la Republique se fust demise entre leurs mains de toute sa puissance, maiesté & auctorité, comme quant à Rome ils faisoyent vn Dictateur, ou que le Senat adioutoit aux Consuls ceste clause, *Videant consules ne quid Respublica detrimenti capiat* (car en ce cas ils tenoiẽt lieu & ranc de Princes) les Gouuerneurs & Lieutenãs des Roys le peuuent moins faire. Ils ne sçauroyent donner pardons ne remissiõs: cõment pourroyẽt ils cõmander ou executer sans ouir? Que si vn Viceroy les peult dõner, ce n'est toutefois qu'auec congnoissance de cause, & comme les Roys eux mesmes ont accoustumé les octroier. Et puis, si nous ſommes en doubte que voire le Roy ſe puiſſe tant diſpancer de la Loy & conſideration nanaturelle que commãcer par la punition & execution, commẽt eſt-ce que nous communiquerions ceſte faculté & prerogatiue à ſes ſubiects? Que ſi on veult amener en ieu la brauerie, ou l'inſolence plus toſt, dont quelques Capitaines vſent en guerre pour le iourd'huy en tuant leurs ſoldars ſans ordre ny iugement public ou militaire: nous ne conclurons rien d'vn exemple qui eſt brutal & barbare de ſoy. Et neãtmoins nous ne voulons pas dire que l'eſcripture ſoit neceſſaire en toutes executions & iugemens faicts en la guerre. Car ſ'il fault parler ainſi, nous recepurõs auſſi bien vne ſentence nuncupatiue qu'vn teſtament, quand elle ſera donnée les autres Capitaines preſens & appellez, & que les teſmoins & le coulpable auront eſté ouiz & examinez de viue voix. mais nous diſons que de meſpriſer toute ſolẽnité ſoit en paix ou en guerre, nul que le Prince, ne le peult faire. Pour ceſte occaſion la couſtume des Anciens eſtoit fort à priſer, que Xenophon touche des Perſes & puis des Grecs au cinquieſme liure de l'expedition de Cyrus, & Iuſtin des Carthaginois au dixneufieſme liure de ſon hiſtoire, que la guerre finie, mais premier que de rompre l'armée, on tenoit cõme les Grãs iours & le Parlemẽt de la Guerre, où on dõnoit audience à tous iuſques au plus ſimple goujat qui ſe vouloit plaindre des Capitaines pour tort & iniure qu'ils euſſent receu d'eux pendant leur charge. Quant aux Romains c'estoit pour mesme raison que celuy qui poursuyuoit le Triumphe attẽdoit hors ville,& qu'on introduisoit au Senat les Deputez des Prouinces,ou qu'õ enuoyoit sus les lieux durãt la guerre ou aprés DIX hommes portãs le nom de Legats,pour ouir les plaintes de la Prouince,les raporter au Senat,& y voir ce que meritoient les Gouuerneurs,honneur ou reprimandé. Car pendant le cours de la guerre,c'estoit bien la raison de ne les reuoquer pas legerement cõme fut Alcibiades par les Atheniens,nõ pas Scipion par les Romains quãd Marcus Cato le defera durãt le tẽps qu'il faisoit la guerre cõtre Hãnibal:mais eux estãs de retour, cela estoit beau & admirable de les voir rendre raison de leur charge,& respõdre aux accusatiõs qu'on leur vouloit proposer. Le puissant se donnoit de garde en ce faisãt d'opprimer le plus foible:& le plus foible de calumnier le plus grand. Venons au second poinct. Il fault,disions nous, que celuy à l'endroit duquel le Prince, le Peuple, ou le Senat voudroient vser de la punition dont nous traittons,fust leur subiect & citoyen naturel. Et veritablement s'il y a quelque raison de punir sans ouir,il n'y en sçauroit iamais auoir à la pratiquer contre personnes qui de nul Droict,Ciuil & Humain,ne sont tenuz les recõgnoistre pour seigneurs & maistres ayans puissance de leur mort & de leur vie. Car bien qu'il se contracte quelque espece d'obligatiõ reelle & submission tacite és pays,terres & dominations où lon faict & cõmect de la faute:& qu'il semble q̃ frãchement & voluntairement nous nous rẽdiõs subiects aux Loys de la Patrie dõt nous offensons le repos: & pour ceste occasiõ si l'Hespagnol delinque en Frãce, il n'y a point de doubte qu'il peult estre traitté en Frãce, & son proces là faict & parfaict, & a semblable du François en Hespagne. Chacun en son Royaume est tenu de en defendre la liberté, & le subiect offẽcé receproit double perte qui le cõtraindroit d'aller requerir Iustice à vn aultre Prince qu'au sien qui la luy doibt. Mais il ne s'ésuyt pas que tous ceux à qui on peult faire procés, on les puisse pareillement punir & executer sans proces. Car voire mesmes entre subiects & regnicoles, ny tous de quelque qualité qu'ils soient, ne en tout temps, ny pour tous crimes (comme nous dirons cy apres) ne peuuent & ne doibuẽt pas estre maniez si rudemẽt. à plus forte raison l'estranger, q n'est point habitué auecque nous, & qui ne faict que passer par sus noz terres ne doit pas estre traitté de ceste sorte. Quoy dõc? merite il plus de faueur & de grace que le subiect! doibt on estre plus rigoureux aux siens propres, qu'aux estrãgers, & le plus souuent noz ennemys ? il le semble en cest endroict: nõ qu'à peser & considerer hõme pour hõme, le subiect ne merite plus de credit, mais par ce q̃ le crime du subiect q delinque, est plus grief & plus à cœur que ce qui est commis par l'estranger. comme le fils s'il entreprẽd contre son pere, le seruiteur cõtre le maistre, la fẽme à l'encõtre de son mary, leur faulte est plus enorme, & consequãment digne de plus grãde punitiõ que si elle venoit de celuy qui estoit lointain &

aliene de nous. Où il y a plus d'obligation & de debuoir, plus il y a d'offence & de delict. Quant à l'estranger, il ne nous rend & doibt qu'autant d'obeissance, que la crainte durant qu'il est au territoire d'aultruy, le luy commande. Secondemẽt, le nom & la personne de l'estrãger en quelque façõ qu'il delinque, à ne sçay quoy d'Hospitalité, & de participation au Droict des Gẽs qui doibt estre inuiolable, & qu'en doibt traitter & manier auec plus de ceremonie & de respec: mesmement que si nous le faisons d'vne aultre sorte, il en pend autant à nous & aux nostres si nous tumbons és limites & pays de l'obeissance d'aultruy. En fin ou que ce soit de son mouuement, ou par quelque commandement secret que l'estranger ayt commis faulte: pour le premier, l'hõneur, la societé & fraternité que se gardent les Princes, fussent-ils en armes l'vn contre l'autre, veult qu'il y ayt plus de courtoisie, d'humanité & de douceur en ce qu'ils entreprénent par exploict qui n'est de guerre sus les subiets de leurs voisins. Et si c'est par mandemẽt de son Seigneur qu'il a failly, c'est lors que pour la consideration du Prince à qui il est, il est plus requis & necessaire de y biẽ diligemment auiser, de peur qu'en estimant bien faire on gaste tout. Car son Prince ne pourra il pas nier hardiment d'auoir commãdé chose vilaine & deshonneste ? & d'vn aultre costé dire & protester publiquement que son subiect ayãt esté puny sans luy tenir forme quelconque, on luy a faict iniustice, & de là prendre bon & honneste pretexte d'entrer en guerre? au lieu qu'en y procedant par Iustice, sera fermer la bouche à tout le monde, ietter le tort sus son ennemy, & conseruer à soy sa dignité & magnanimité Royale. Tant s'en fault donc que les anciés ayent puny l'estrãger sans luy garder l'ordre iudiciaire, quelque grand crime qu'il eust commis qu'en luy faisant le procés ils l'ont puny plus doucement que le subiect. Les Romains durant la premiere guerre Punique ayãt decouuert des Carthaginois en leur ville qui y estoient ia de long temps pour y susciter & ourdir quelque coniuration & emotion contre la Republique, & les ayãs saisiz au corps, punirẽt de mort leurs citoyens qui y auoyent presté consentemẽt. quãt aux Carthaginois, ils leurs couperẽt les poings, & les laisserẽt aller en cest estat: Marcus Attilius Regulus, & Cneus Seruilius Geminus estoient Consuls. Flaccus en fist autant deuant Capoüe cõme ainsi fust que quelques Numidiens soubs vmbre de se venir rendre à luy, portassent lettres & aduertissemens à Annibal. Mais qui plus est, combien se trouue il d'exemples notables & recommandez de tous Auteurs, ou sans punir les estrangers aucunement on les a laissé aller du tout, ou rẽuoyez à leurs Seigneurs pour en faire la Iustice & punition eux-mesmes? comme Porsena, Mutius: comme Scipio, les espions d'Annibal, & plusieurs aultres! Car certainement c'est montrer vne grande vertu & magnificence que se demettre quelquefois de ses droicts, & de l'iniure qu'on nous a faite en faire Iuges noz aduersaires. S'ils en fōt la Iustice, ils ne font q̃ ce qu'ils doiuent: ne la faisant, où il n'en sourdroit de la guerre, si passent-ils condemnation & iugement par deuant tous les historiens de la terre qu'ils ont le cœur bas & indigne du lieu qu'ils tiennēt. C'eust donques esté à iuste raison que les Atheniens blasmoiēt & accusoient les Thebains d'auoir en leur Senat tué & assummé Euphrō sans luy auoir faict & parfaict son procés, pour estre allé de la ville d'Athenes pratiquer là leurs citoyens, & mettre en different le Senat & le peuple de Thebes. Mais les Thebains (dict Xenophō) iustifierēt tout prōptement q̃ cest Euphrō estoit leur subiect naturel (il estoit né & natif de Thebes) & puis qu'il s'estoit au commancemēt retiré vers les Lacedemoniens, & encores apres cela vers les Atheniens. il auoit montré par là qu'il n'estoit qu'vn vagabond & traitre par tout où il se trouuoit, si bien que iustement ils auoiēt peu se comporter en son endroit comme leur vray & premier subiect, & en le punissāt preuenir qu'il ne fist & obtint du Peuple ce pourquoy il auoit esté enuoyé soubs couleur de visiter son pays. Mais q̃ dirōs no⁹ si vn Turc venoit en Frāce pour empoisonner le Roy, pour y dresser des menées contre l'Estat, & qu'on le trouuast saisy d'instructiōs à ceste fin. fauldroit-il estre pl⁹ ceremonieux & conscientieux à l'exterminer promptement, que l'ennemy à se seruir de ces moiens? & si encores tel estrāger portoit nom & tiltre de Ambassadeur, cela empescheroit-il qui plus est qu'on ne le peust chastier, non pas mesmes le prandre au corps, & luy faire proces ne procedure quelconque? sa qualité luy aporteroit elle impunité,& de l'impunité plus de hardiesse ou de temerité d'estre mauuais? Or combien que ce ne soit pas nostre principale matiere de traitter icy des Accusations, quelles personnes on peult ou on ne peult accuser, mais de parler seulement de l'instruction ordinaire ou extraordinaire: nous en dirons neantmoins ce qui nous en semble, puys que nous sommes sus le propos de l'estrãger: ioinct que cela ne se suyt point de trop loing, q̃ si l'estrãger ne tenãt lieu q̃ de particulier ne peut aucunement estre puny sans cognoissãce de cause, l'Ambassadeur, le Herault d'arme, l'Agent ou le Legat ne le peuuent estre à plus forte raison qu'on dict qu'ils sont inuiolables. Mais nous dirons premierement ce mot, que quand nous vsons de ces termes, Il se peult, ou, Il ne se peult faire, nous l'entẽdons celon la Philosophie Moralle, mere & fontaine de toute Iurisprudence, suyuant laquelle nous tenons impossible ce qui ne se doibt faire par raison & bonnes meurs. car au surplus puis que Cassander fils d'Antipater tua Demades & son fils Ambassadeurs des Atheniens, comme recite Plutarche en Phocion: & Sforce Duc de Milan fist trãcher la teste à l'Escuyer de Merueilles Ambassadeur du Roy Frãçois 1. cela mõstre bien q̃ de faict il se peult faire, mais la questiõ est si c'est auec raison & Iustice. Il nous semble dõc qu'en vsãt de ceste distinctiõ nous definirõs clairement ce qu'il fault garder & obseruer en cecy. L'estrāger qui vient és fins & limites d'autruy, ou il y vient à main armée, & si bien auoué par escript qu'on ne peult dire que ce ne soit acte d'hostilité ce qu'il est venu faire: en ce cas les droicts de la guerre ont lieu. il est licite de le repousser de force, & pris qu'il est luy faire telle composition que bon nous semble, le tuer sus le champ, ou le garder pour le triūphe, cela faict luy pardonner, ou le faire punir en la prison comme il se faisoit à Rome, dict Ciceron contre Verres, ou bien, ce qui est plus humain & plus honneste, les renuoier sains & sauués comme Tigranes persuada à Cyrus qu'il debuoit faire d'Armenius sō pere, & montrer, ainsi que fist Ptolomée à l'endroit de Demetrius, que ce n'est point pour toutes choses ensemble que lon combat, mais seulemēt pour l'honneur & pour la Monarchie. Tant y a qu'en vne sorte ou en l'autre rien n'y peult estre blasmé, car c'est la guerre. Si l'estranger viēt seul, & sans forme d'hostiliré, ou il y vient en priué, ou comme personne publique. si en priué, nous auons expedié ce poinct là, qu'indubitablement s'il delinque en noz terres, on le peult punir par Iustice. Le seul establissemēt à Rome du Preteur qu'ils appelloient *Peregrinus* le monstre bien. Vne chose est elle à considerer, que s'il n'a offensé que le particulier, on y peult aller plus rondement. mais si c'est crime de lese Majesté qu'il a commis, & que le crime touche l'Estat, encores qu'il soit plus grief, toutefois par ce qu'il en peult

peult issir quelque chose à demesler entre les Princes, & que c'est és grans cas & affaires où on remarque plus leur Iustice ou iniustice, leurs passions & affections: ie desirerois qu'en cest endroit on vsast de toute la douceur & modestie qu'il seroit possible, non pour l'amour de luy, mais de son Prince. Car tout ainsi qu'vn plus grand mal s'il respond & approche des parties nobles, se doibt traitter auec plus de caution & de scrupule, craignāt que le fer ou le feu qui aultrement y seroit necessaire, de la partie offencée donne à la ceruelle ou au cœur: aussi tous criminels ne sont pas à manier d'vne façon. quelquefois il en fault dissimuler partie (comme nous dirons peu aprés) quelquefois il faut punir les moindres plus griefuement, & les plus grans auec plus de douceur & de clemēce, de peur que on impute seuerité à cruauté, & que de ceste opinion mal prise, ainsi que nous mōstrerons des Latins & associez de Rome, s'engēdre vne guerre ou sedition ciuile. nō que qui en vsera aultrement, face mal, comme nous disions de la Guerre. Car la chose n'est pas moins bonne & iuste de soy, pour les inconueniens qui en arriuent. mais par ce que c'est prudemment & sagement faict de les euiter en preuoyant s'il est possible. au surplus d'aulner aussi & mesurer la Prudence, la Raison & la Iustice par la suyte & euenemēt des choses, ce seroit faire en artisan & idiot. Mais quoy? posons le cas (& n'agueres ceste question se presenta par deuant nous) que ce ſoit en ſon pays que l'eſtranger a delinqué mais contre vn de noz ſubiects qui y eſtoit lors : ſi depuis il eſt aprehendé en France, non pas y faiſant reſidence, car il n'y auroit point de controuerſe, mais paſſant pays : luy pourrons nous faire procés pour le crime qu'il a commis contre vn François en Italie? il ſemble que ouy ſi nous voulons nous raporter à vn exemple des Atheniens que Iſocrate en ſon Panegiric, Aſchines contre Creſiphon, Demoſthene en pluſieurs lieux, & Ariſtides en l'oraiſon Panathenaique priſent & louent par deſſus tous les Iugemens qui furent iamais donnez en Grece. Le Roy de Perſe deliberant d'aſſaillir la Grece depeſcha vn ſien ſubiect naturel nommé Artinius, auec infiny or & argent pour aller en Grece y praticquer & corrumpre les principaux de Lacedemone. Artinius y alla: ne meit iamais le pied en Attique : ne parla & ne communiqua à Athenien quelconque, dehors ou dedans ſon pays : ne fut pris ne aprehendé par les Atheniens ou leurs confederez: & neantmoins les Atheniens luy firent ſon proces par contumace pour ceſte corruption qu'il eſtoit venu faire: le condamnerent à mort, le declarerent infame, ennemy de la Republique luy & toute ſa poſterité. parquoy à plus forte raiſon quand l'eſtranger a failly & delinqué contre les noſtres, & qu'il eſt pris & aprehendé, il eſt noſtre iuriſdiciable. Qu'il ne le fuſt des Lacedemoniens, il n'y a point de doubte *ratione delicti*, comme nous disõs vulgairement: tout ainsi que Aristo l'estoit des Romains & des Carthaginois que le Roy Antiochus & Annibal auoient enuoyé à Carthage pour y remuer nouuelles guerres: & de faict s'il ne se fust sauué de nuict, la resolution estoit au Senat de Carthage de le punir, ou de l'enuoyer aux Romains qui leur commandoient, pour en faire telle punition qui leur plairoit. Mais certes où l'estranger n'a contracté domicile auec nous, ne delinqué sus noz terres: c'est contre tout droict, contre le droict des Gens, contre la raison naturelle que nous puissions rien entreprendre par dessus luy comme ses Iuges. Bien le pouuons nous prẽdre au corps & le renuoyer en bonne & seure garde par deuant son Seigneur, & deputer vers luy messagers ou Ambassadeurs pour le requerir de nous en faire la Iustice. Et s'il en estoit refusant, seroit iuste occasion de luy denoncer la guerre, ou d'ẽtrer en vn droict de Represailles pour se saisir de ses aultres subiects les premiers venus, iusques à ce qu'il nous eust rendu la Iustice, ou deliuré l'accusé pour à son refus & au moyen de la Dedition & delais qu'il en feroit, la faire & exercer nous mesmes. Mais aultremẽt c'est vne maxime generale entre toutes nations, dict Plutarq au traicté des fẽmes illustres, Thucydide au quatriesme liure de son histoire, & Cicerõ és Verrines, quant à nos Loix elles y sont vulgaires, que

Actor sequitur forum rei, quod vel domicilio, vel delicto contrahitur. Il se peult bien aultrement pratiquer sellon les priuileges des lieux ou des personnes; comme le Senateur Romain en quelque Prouince qu'il eust failly ne pouuoit estre accusé que par deuant ses Iuges à Rome. mais cela est de Prouince à Prouince qui sont toutes subiectes à vne Republique ou à vn Prince. mais nous parlons des subiects de deux Peuples ou Roys qui n'ont rien l'vn par dessus l'autre, ny de commun que la Nature. Et pourtant comme Alexandre le Grand demandast aux Atheniens qu'ils luy liurassent quelques Orateurs pour les punir qui en leur ville auoient publiquement mesdict de luy: le Peuple luy respondit fort bien que s'il pretendoit qu'ils luy eussent faict tort, il deputast gens pour les venir accuser par deuant eux, & qu'ils luy en feroient si bonne raison qu'il n'auroit point occasion d'estimer que la Iustice ne fust aussi bonne en Grece qu'en Macedoine. Vray est qu'ils les liurerent par apres à Antipater, & se trouue beaucoup d'exemples de telles Deditions (terme plus Latin que François) mais nous ne parlons point icy de la Force, & de la Necessité à qui les Dieux & les hommes flechissent. Que dirons nous donc à l'exemple de Artinius ? ce fut plus tost vne brauade que les Atheniens par le conseil de Themistocles voulurent faire à Xerxes, qu'vn exemple pris de leurs Loix, pour luy montrer quand il n'y auroit qu'eux ſeuls en toute la Grece ils en defenderoient la liberté: dauantage qu'ils eſtoient de leur part trop magnanimes pour ſe laiſſer mener à argent, & luy trop laſche à l'oppoſite de chercher voye pour les ruiner que par armes. Mais d'aultant que oultre cela les Atheniens ſus tous les aultres Cantons pretendoient la principauté de la Grece, tuition & protection d'icelle, ils eſtimerent l'iniure faicte aux Lacedemoniens faicte à eux-meſmes, ſi bien qu'autant valoit à Artinius d'auoir delinqué en Lacedemone comme à Athenes. & en ce faiſant ceſt exemple meſme confirmera noſtre dire. Venons maintenant à conſiderer l'eſtranger qui porte nom d'Ambaſſadeur & de perſonne publique, cõmme ſont pareillement les Oſtages. Et afin que des paſſages qui ſont communs & vulgaires és liures des Loix on ne ſ'abuſe à ce peu que nous en voulons dire pour le preſent, ce n'eſt pas *de Legatis Prouincialium* que nous entendons parler icy (ceux là eſtoient ſubiects & citoyens comme les autres) mais *de Legatis hoſtium*, qu'en France nous appellons ſpecialement Heraux d'armes ou Ambaſſadeurs. Voyõs doncques ſi ce qu'on dict communément que *iure Gentium* ils ſont inuiolables, & leur perſonne d'vn conſentement general de tous Peuples tenuë & reputée pour ſaincte, a tel poix que tant ſ'en fault que on puiſſe rien executer contre eux ſans cognoiſſance de cauſe que non pas meſmes on les puiſſe traicter en Iuſtice pour crime qu'ils ayent cõmis parmy ceux où ils ont eſté enuoyez: & ſ'ils ont celà de priuilege que *ratione delicti* ils ne cõtractent point de domicile & de demeure. Certes la raiſon pour laquelle on les a faict inuiolables eſt ſi grande, ſi conioincte à l'vtilité & neceſſité de la ſocieté humaine, qu'elle ſeule peult definir ce qui eſt à ſuyure en ceſt endroict, ſçauoir eſt qu'on ne les ſçauroit punir & non pas meſme toucher ne empriſonner pour quelque crime qu'ils ayent commis pendant leur charge: & me ſemble que ceſte opinion eſt la plus ſeure & plus conforme à la doctrine & vſance des Anciens. Puys qu'il y a vne parenté & conſanguinité, ainſi que de toute eſpece à eſpece, entre les hommes, il ne fault pas que leurs inimitiez ſoyent immortelles, mais qu'ils ſe reconcilient quelquefois comme parens ou concitoyens de ceſte grande cité: & quand nous nous meſcongnoiſtrions tant que de renuncer à ceſte aliãce, ſi a il vne viciſſitude & reuolution neceſſaire en toutes choſes cõſequamment auſſi de la paix & de la guerre, de façon que l'vn ne pouuãt touſiours eſtre, mais ſucceſſiuemẽt apres l'aultre, & neãtmoins la paix plus agreable, plus naturelle, il a eſté requis & neceſſaire q̃ ceux qui au milieu des armees & entre le feu & le sãg iroyẽt & viẽdroyẽt d'vn party à aultre pour traicter & manier paix ou acords, euſſẽt vne ſeureté & priuilege ſi grãd qu'õ ne les peuſt toucher ne violer nõ plus q̃ les ſaincts & ſacrez Dieux. aultremẽt q̃ voudroit entreprendre ce faiz? pourquoy est-ce comme dit Seruius sus Virgile, que les anciens nous auroiẽt paint le Dieu Ianus à deux visages, pour nous donner à entendre que des que on va à la guerre il fault penser de la paix: & Plutarque en ses Problaimes qu'au temps passé on ne fourbissoit & renouueloit point les despouilles, affin que la memoire & souuenance des guerres & dissensions se roulast & deperist quand & elles, ce qui fist blasmer entre les Grecs ceux qui commancerent à bastir & esleuer des trophees de pierre dure, ou on ne les faisoit anciennemẽt que de bois: si on veult boucher les oreilles à to⁹ propos d'apointemẽs? si on veult couper la voye & le chemin à ceux qui en entameront les propos, en porteront & raporteront nouuelles? c'est trancher le chemin, que d'en oster l'asseurance & liberté. Or de dire que cela est vray tant que l'Ambassadeur se contient au debuoir & office qu'il doibt: mais s'il vient à delinquer & faire chose oultre sa charge, on le peult chastier cõme tout aultre simple estranger sans enfraindre le Droict des Gens, par ce que la Iustice ne viole personne: & quãt au priué & particulier si l'Ambassadeur le veult quereller & offẽcer, qu'il peult pareillemẽt se defendre & repousser l'iniure, par ce que si l'vn, de ne toucher à l'Ambassadeur, est du droict des Gens, l'autre, de se defendre, est de Droict naturel: nous rendrions l'Ambassadeur homme priué, & sa prerogatiue vaine & prophane. NO⁹ ne voulõs pas dire q̃ sõ priuilege soit d'estre pl⁹ tost iniurieux qu'vn autre. mais no⁹ disõs qu'il ne fault point auoir ceste qualité d'Ambaſſadeur pour en n'offenſant perſonne, n'eſtre bleſcé ny offencé. La Nature defend auſſi bien ceſtui-cy, que le Droict des Gens celuy là. Dauantage le priuilege particulier d'vn Pays, ſeroit plus eſtroit & autentique, que celuy de l'Ambaſſadeur. Car à Rome le Tribun du Peuple qui eſtoit *ſacroſanctus*, & voire meſme tout aultre Magiſtrat ne pouuoit pas durant ſon an eſtre conuenu en Iuſtice, pris au corps, puny ne executé. on attendoit qu'ils fuſſent hors de leur charge. ce qui procedoit de la majeſté & amplitude de la Republique qu'ils repreſentoient, laquelle euſt receu honte & incommodité de voir ſes plus nobles & principaux membres traittez comme indignes du lieu où ils les auoient mis, & diuertis par accuſations, delations, enuies & mediſances (à quoy ſont expoſez toutes perſonnes publiques) du ſeruice qu'ils luy debuoient. Ie n'ignore point qu'il y a eu des exceptions en cela. mais neantmoins ſi la couſtume eſtoit d'en faire ainſi vers le ſubiect pour ce qu'il auoit auec luy vne qualité & condition publique: que ce doibt-il dire de l'Ambaſſadeur qui eſt inuiolable par vn Droict de tout le monde, & qui pour vne qualité publique en a trois tout enſemble, l'vne priſe & empruntée de la perſonne de ceux qui l'enuoyent, l'autre de ceux vers qui il eſt enuoyé, & la troiſieſme pour la qualité des negoces & affaires qu'il traicte? Le Pape Leō neufieſme eſcriuāt cōtre la preſumptiō & oultrecuidãce de deux Euesques de Cõstãtinople q auoiẽt osé excommunier l'Eglise Romaine pour ce qu'elle sacrifie *in azymis*, & appelloyent tous les Latins *Azymitas*, dict veritablement, que qui ne feroit point de cas des Representations, il osteroit toute discretion & honneur de ceux qui succedent en la place d'aultruy. Les Papes, les Euesques, les Roys sont honnorez pour celuy duquel ils sont la vraye image: les Iuges, les Officiers, pour ceux dont ils tiennent les places: le seruiteur fust-il mauuais, pour le maistre qui luy commande. Ainsi est-il de l'Ambassadeur: puis qu'il represente la personne du Prince, qui est sacrée, & dont le crime commis en son Estat s'appelle bien Perduellion, & lése-maiesté, mais cõmis en sa personne reçoit encores vn aultre nom qui est de Sacrilege, comme si Dieu & la Religiõ mesmes auoyent esté blecez & offencez quand on le blece: il s'ensuyt bien que tant que l'Ambassadeur est en cest estat, il fault non pour l'hõneur de luy, mais de son Prince, dissimuler & ne voir point les faultes qu'en son particulier il auroit faictes. Le punissant, vous puniriez aucunement le Prince en la personne de son Legat, qui de son chef n'a toutefois point delinqué, & lequel, qui plus est, où il auroit aucunement failly, faisant ou commandant, *est solutus legibus*, & ne peult estre puny pour estre traicté & conuenu par deuant Iuge quelconque si ce n'est luy. Car les Roys ont celà de maiesté qu'ils sont Iuges en leur propre cause, comme nous dirons cy apres.

en diſcourant des abſolutions & Declarations d'innocence faictes ſans forme ne figure de procés. L'Ambaſſadeur eſt donc inuiolable, premierement de ſon chef, pour le commerce: car par qui eſt-ce qu'on traicteroit de Nation à Nation, d'ennemy à ennemy, de voiſin à voiſin, de confederé à confederé? ſecondement, de la part de ſon Prince. Ne faict rien de conſiderer ſ'il a delinqué de ſon mouuement, ou par le commandement de ſon maiſtre. Car ſi c'eſt par commandement qu'il l'a faict, tant plus toſt luy doibt on pardonner, & ſ'en addreſſer au Prince, non pas à luy qui a eſté forcé & neceſſité d'obeir: & puis que d'ailleurs il a eſté receu & admis pour Ambaſſadeur, c'eſt noſtre faulte en partie ſ'il a faict & commis crime de marque. car comme dict Philippe de Commines, vn Ambaſſadeur quelque choſe qu'il vienne faire, c'eſt touſiours vn honneſte Eſpion: pourtant les Grecs & les Romains leurs bailloyent anciennement des gardes qui par forme de les honnorer & accompagner touſiours, obſeruoyent & conſideroyent leurs actions. Parquoy ſ'ils delinquent de ceſte ſorte, celà eſt bon pour faire la guerre au Prince. mais quand à l'Ambaſſadeur, ſa qualité le couure & le defend. A ſemblable ſi *priuatim* il faiſoit quelque forfaict. Car ſi l'honneur & le reſpect de la Religion a receu que le plus coupable ſe retirant aux Autels, & meſmes encores à la ſtatue & image d'vn Prince, ſ'acquiert impunité, &

n'estoit permis l'en tirer que ce ne fust violer & s'attaquer aux Dieux desquels l'obseruation est plus requise, que la punitiõ du miserable : pourquoy est-ce que l'Ambassadeur ayant failly, recourant à luy mesme, à son herbe, à son baston, que les Latins nommoyent *Caduceum*, le Herault à sa coste d'armes, brief, & l'vn & l'aultre à la souueraineté de leur Prince, ne pretendra, ie ne dy pas impunité, mais respit & surceance d'estre puny ou accusé? veu mesmement qu'és Loix & Droicts de la Guerre, dont cesthui-cy de n'offencer l'Ambassadeur, est des premiers, il y va de la Religion & reuerance des Dieux: ce que le bon Roy Numa cõsiderant aussi bien que nous qui appellons Dieu, le Dieu des Exercites, donna la congnoissance des Droicts de la Guerre non point à personnes prophanes, mais a des Prestres, qu'il appella *fœciales* ? Et ce ayant promis impunité & donné la foy publique a de nos subiects & concitoiens quelque crime qu'ils ayent commis, se venans rendre, nous ne les sçaurions chastier & guarder nostre honneur & bonne foy tout ensemble : que doibt il estre de l'Ambassadeur ? Car si la foy donnée au citoyen ne luy sert pas aux crimes qu'il commetteroit par apres, c'est que nommément elle n'a lieu pour l'aduenir : & le criminel ayant vne fois obey, la foy & l'impunité ne dure plus. mais à l'Ambassadeur tant qu'il est en l'office la foy dure, qui n'est point proprement reciproque. elle eſt donnée à l'Ambaſſadeur, & l'Ambaſſadeur ne la donne point. Car (comme nous auons dict) on ſe doibt & peult on bien guarder de luy: mais vn ſeul cõment ſe garderoit il aultrement entre pluſieurs millions d'eſtrangers incongneus & ennemis le plus ſouuent? Que les Anciens fuſſent de ceſt aduis ils l'ont bien dõné à entendre par la proprieté du mot dont ils ont vſé en ceſt endroict, & par la forme qu'ils ont gardée à punir celuy qui de ſa part auroit violé l'Ambaſſadeur. car pour exprimer comme peu on le debuoit offencer, ils ont vſé de ce terme *pulſauerit*, voulans dire que le ſeul pouſſer & heurter l'Ambaſſadeur pour quelque cauſe que ce peuſt eſtre, c'eſtoit pecher contre la Societé & Communité des hõmes: & quant à leur ſubiect qui l'auoit pollu & violé, encores que doublement ce fuſt à eux d'en faire punition par ce que le delinquãt eſtoit leur ſubiect naturel, & le crime commis en leur deſtroit & iuriſdiction: toutefois comme Quintus Mutius a eſcript, ils liuroyent le coupable au Seigneur ou Iuge de l'Ambaſſadeur pour en faire à leur diſcretion, le punir & congnoiſtre du delict & de la cauſe comme de leur propre ſubiect, eſtimant que la ſatisfactiõ & expiation n'en ſeroit pas ſuffiſante, oultre ce qu'elle ſeroit ſubiette à calumnie, ſ'ils en faiſoient & rendoyent la Iuſtice eux meſmes. Il eſt bien vray que ceſte dedition ſentoit ſa forme de condamnation & iugement. toutefois puis qu'ils n'en vouloyẽt pas faire la punition & execution, ils monstroyent bien par là à plus forte raison qu'ils ne l'eussent pas voulu faire ny entreprendre sus l'Ambassadeur si c'eust esté luy qui eust failly. Les fictions en Droict se conforment & reglent comme la verité. Or est-il que l'Ambassadeur pour la franchise & liberté où il doibt estre, est pour tel tenu & estimé que s'il estoit personnellement entre ses concitoyens & amys. à ceste occasion il peult tester, à ceste occasion si (pour exemple) dict le Iurisconsulte, pendant qu'il est à Rome la guerre est denuncée, il demeure en liberté, retournant en son pays, il n'y r'entre point *iure post liminy*. aussi pouuons nous dire que ores qu'il eust delinqué à Rome, où le Romain delinqué en son endroict que tout celà se prenoit comme s'il fust auenu en son pays, non point à Rome, si bien que ny en l'vn ne en l'aultre cas les Romains n'en estoyent Iuges. Mais pour toucher au vif, qu'arriueroit il si on admettoit ceste exceptiõ que l'Ambassadeur fust inuiolable, sinon que pour crime on le punist? quelle ouuerture seroit-ce pour le tuer & violer à tous propos? ne se seruiroit on pas tousiours de ce pretexte? ne luy feroit on point à croire qu'il auroit mangé le lard, comme on dict en cõmun prouerbe? ainsi qu'il est en Procopius de ce que Theodatus Roy des Gots imposoit faucement aux Ambassadeurs de l'Empereur Iustinien pour chercher couleur & apparence de les tuer? & comme le Seigneur du Bellay recite en ses memoires de cest Escuier de Merueilles que le Duc de Milan pour gratifier au feu Empereur Charles fist accuser d'vn meurtre dont il n'estoit point coupable pour le faire mourir, comme il fist? Le Prince manqueroit il iamais de Iuges & de tesmoings en les prenans de ses subiects, pour paruenir à ce qu'il voudroit faire & executer contre l'Ambassadeur du Prince à qui il veult mal? C'est ce que à semblable le Pape Nicolas premier blasmoit en la destitution de Ignace Euesque de Constantinople que fist Michael l'Empereur de son auctorité seule contre les Loix Canoniques: *Productus est (inquit) accusator de Imperalibus ædibus, & cui Imperari potest vt falsum dicat, eius adhibitum est testimonium.* Il ne s'ensuit pas que tous Princes en vueillent ainsi vser, mais par ce que celà peult arriuer & souuent, & que où il n'y auroit point de blasme, il est neantmoins presque impossible d'euiter les calumnies & mauuaises opinions qu'en pourroit auoir le voisin (chose autant perilleuse que la verité) c'est le mieux faict de demeurer en la maxime purement & simplement: ioinct que la courtoisie, l'humanité & condition est reciproque autant pour noz Ambassadeurs que pour ceux qu'on nous enuoye. Finalement la faulte particuliere que cōmetteroit l'Ambassadeur, n'est point tāt à cōpter & mesurer que l'interest public & vniuersel. car n'y ayant homme si sage à qui il ne puisse arriuer quelque fortune, il ne se trouueroit personne qui voulust entreprendre la charge d'Ambaſſadeur : & en ce faiſant demeureroyent les alliances, traictez & negotiations qui doiuent eſtre entre les Princes. Secondement tant plus que l'Ambaſſadeur ſeroit homme de ſeruice & d'entendement, d'aultant ſeroit-il plus expoſé au peril : par ce que ce n'eſt pas peu de choſe d'oſter à ſon ennemy vn homme de conduite & de menée. Tiercement faiſant mourir à tort ou à droict ſon Ambaſſadeur, vous donnez empeſchement contre voſtre foy & la foy publique aux affaires de ſon Prince ou de ſa Republique : vous rũpez ſes deſſaings, vous decouurez ſes ſecrets , vous luy oſtez le moyen d'apprendre ce que ſon Ambaſſadeur a traicté & negotié, veu traicter & negocier de la paix ou de la guerre. Car iaçoit que tout celà fuſt licite, il n'eſt pas licite par ceſte voye. C'eſt ce qui a meu le Quintilien en la Declaration CCCLXVI. que nous auons remis en lumiere, de traicter ceſte queſtion ſi l'Ambaſſadeur tout auſſi toſt qu'il a mis le pied en ſon pays retournant de ſa Legation, delaiſſe d'auoir le nom & priuilege d'Ambaſſadeur, ſi bien que ayant eſté occis par les ſiens on ne puiſſe alleguer que le meurtrier ayt violé le Droict des Gẽs. Et là il dict, qu'il ne laiſſe pas d'auoir failly en ce Droict ſi naturel, par ce que l'Ambaſſadeur demeure touſiours Ambaſſadeur iuſques à ce qu'il ayt eſté ouy & rendu compte de ſon voyage, pour l'intereſt que la Republique a de ſçauoir ce qu'il a faict & manié. aultrement que ſeruiroit de l'auoir enuoyé? parquoy à pl⁹ forte raison, le Droict des Gens seroit violé, si l'Ambassadeur estoit pris ou occis auec ceux où il porte principalement ce nom & tiltre d'Ambassadeur. Ce que nous en auons discouru succinctement, est pour contenter ceux qui ne se payent que de raison, mais au surplus les exemples des anciens y sont communs. Quintus Fabius Ambustus tāt s'en fault qu'il eust esté offencé de Brennus Roy des Gaulois, que luy au contraire pendant son Ambassade voila le droict des Gens. car luy & ses deux compagnōs se ioignirent auec les Clusiens, & sortirent à l'escarmouche contre Brennus. que fist-il? ce ne fut pas de les prendre, ny de s'opiniastrer contre la ville de Clusium pour les liurer & les punir. Il enuoya à Rome ses Ambassadeurs, & en demāda raison & Iustice. Tarquin le Superbe (nous prenons les exemples comme ils nous viennent à la memoire) apres auoir esté chassé & banny de Rome, y enuoya des Ambassadeurs qui soubs pretexte de leur office brasserent la coniuration des enfans de Brutus & aultres. ceux cy furent punis, mais quand aux Ambassadeurs il fut traicté en plain iugement & deuant tout le Peuple si on les debuoit & pouuoit honnestement punir: & vse bien Tite Liue de ces mots, *de iis paululum addubitatum est*: car il est certain qu'ils auoyent delinqué, & faict aucunement qu'on ne les deust plus recōgnoistre pour Ambassadeurs, mais pour ennemys iurez de la Republique: ce neantmoins il passa qu'on leur

garderoit

garderoit le Droict des Gens. Peu apres Aulus Posthumius Dictateur en fist autant aux Espiõs que luy enuoyerent les Volsques soubs de nom & tiltre d'Ambassadeurs, quand ils eurent sceu la victoire qu'il auoit remportée sus les Latins. Car bien que les Espions soyent punissables (ils n'ont autre qualité que d'ennemys) & que Posthumius eust manifestement decouuert que ce que les Volsques auoient enuoyé par deuers luy n'estoit pas qu'ils voulussent ce qu'ils auoyent donné charge de dire, c'est de se rẽdre à luy: mais l'espier & recongnoistre ses forces, pour cela faict luy courir sus. consequamment que sans violer le Droict des Nations il estoit bien fondé à les punir comme explorateurs: ce neantmoins pour la reuerance de ce seul nom & marque d'Ambassadeur dont ils s'estoyent munis & fortifiez, il leur garda le Droict commun des Ambassadeurs, affin (dict Halicarnasseus) que les Volsques ne prinssent de là couleur & apparance de plus iustement faire la guerre, & ceux qui estoyent ja mal affectionnez à la Republique les ébranlassent & sollicitassent plus fort, rendans les Romains odieux s'il eust contre le droict & la Loy de tout le monde violé ces faux & deguisez Ambassadeurs, mais toutefois Ambassadeurs. & disoit Posthumius que si les Volsques auoyent mal faict, il ne falloit pas pourtant faire comme eux: mais au contraire ce qui sentoit son cueur plus magnanime, c'est de garder sa cholere à l'encontre de ceux qui auoyẽt enuoyé ces pauures gens, non pas contre eux, que il valoit mieux sauuer soubs ce beau nom d'Ambassadeur, que les punir soubs ce vil & infame d'Explorateur & d'Espion. Voila trois sortes d'Ambassadeurs qui auoyent tous delinqué, & contre l'Estat: Ambustus, faict acte d'Hostilité: ceux de Tarquinius, voulu attenter à la vie des deux Cõsuls Brutus & Collatinus: les Volsques, faict office contraire à leur qualité, & neantmoins on a iugé qu'il ne falloit pas toucher à leur personne. Il est bien vray que au lieu que nous auons allegué de Procopius, qui est au premier liure de la guerre des Gots, il semble que Theodatus vers lequel Iustinien auoit enuoyé Pierre & Athanase, prenne pour vne maxime toute certaine que l'Ambassadeur est tandis inuiolable qu'il se contient en son debuoir: mais qu'en deux cas il soit permis de le tuer: le premier s'il iniurie le Prince & parle irreueremment à luy (qui est l'occasion que print Antoine de faire fouetter Alexas que Octauius Auguste apres sa victoire auoit enuoyé par deuers Cleopatra Royne d'Ægypte) le secõd, s'il est surpris en adultere: mesmemẽt que Pierre & Athanase respõdans à Theodatus Roy des Gots, ils opposent au premier point la necessité de leur office, qui est de faire & de parler comme il leur est commandé: & quant au secõd point, ne s'en defendent que par vne negatiue & le peu d'apparance du faict dont il les accusoit, qui est qu'en ayans (disoyent ils) tant de gardes pres eux, ils ne pouuoyent pas mesmes boire &

manger qu'il ne fust veu, à plus forte raison, choisir le temps de faillir en vn tel crime. Mais Procopius monstre euidemment que c'estoit vne trumperie & cauillatió que Theodatus vouloit trouuer pour dire auec quelque raison, luy sembloit il, qu'il n'auoit pas violé le Droict des Gens faisant occire ces Ambassadeurs de Iustinien, tout ainsi comme Appius Clodius l'vn des Dix hommes vouloit par subtile & faulse interpretation de sa Loy mesme couurir le rapt qu'il tentoit faire à la fille de Lucius Virginius comme seruante. Et puis les Ambassadeurs de Iustinien se defendans d'vne figure que les Rhetoriciens appellent Concession & Supposition, il ne s'ensuyt pas qu'ils s'exclussent de l'exception du Droict des Gens. aultrement pourquoy estce qu'il seroit permis de violer plustost l'Ambassadeur pour crime d'adultere, que pour aultre faict? n'y en a il pas de plus enormes? si c'est que la Loy donne permission au particulier de tuer l'adultere trouué en l'acte, elle le permect pareillement du voleur nocturne: & qui plus est la Loy de Nature octroye pouuoir & permissió de repousser la force par aultre force: si bié que à la parfin nous ne trouuerióს point que l'Ambassadeur eust plus de fráchise & liberté q̃ le moindre subiect & regnicole. Quãd au passage de Tite Liue où il est dict q̃ les Romains firẽt mourir Phileas Ambassadeur des Tarẽtins & leurs Ostages qu'il auoit derobez & emmenez auec luy:

Phileas n'estoit pas proprement Ambassadeur, mais, comme nous disons, Deputé des Tarentins, Peuple non libre, mais qui obeissoit aux Romains. de sorte que Phileas fut puny comme subiect pratiquant & ourdissant desia la rebellion que tous les Tarentins, decouurirent bien tost apres. De tels Legats parlent noz Loix où elles disent qu'ils peuuent estre punis au lieu auquel eux ou leurs seruiteurs ont delinqué. Or si les Commis & Deputez des Prouinces doibuēt iouir du Droict des Gens soit en paix, ou durāt leur rebellion & guerres ciuiles, c'est vne aultre matiere dont nous auons dict nostre aduis au sixiesme liure de noz Decretz *ad Thuanum*. Pour reuenir à nostre propos, que fault-il donc faire si l'Ambassadeur a griefuement delinqué? il fault faire comme Brennus, en enuoyer demander Iustice à son Seigneur. & quant à luy son debuoir est de le renuoyer & deliurer à ceux contre lesquels il a failly, comme le Senat & les Fecialus furent d'aduis d'Ambustus. Toutefois pour le iourd'huy que les Princes ont leurs Ambassadeurs ordinaires les vns pres les aultres, on se peult asseurer de leur personne, puis escrire à leur Prince: leur enuoyer autant des charges & informations: lesquels cela faict depescherōt vn aultre Ambassadeur, en la presence duquel sera faict & parfaict le proces à l'accusé, & iceluy proces derechef enuoyé à leur Seigneur. s'ils mandent qu'on le punisse, faire se pourra: s'ils insistent qu'on le leur enuoye, il me semble qu'on le doibt faire & le leur enuoyer en bonne & seure garde. Que s'ils n'en faisoyent punitiõ, il y auroit occasion de leur denuncer la guerre. Quant aux Ostages, ce n'est pas de mesme. car tant s'en fault qu'ils soyẽt targuez de la foy publique, que au cõtraire ils sont les arres & gages d'icelle: si bien que comme és contracts & obligatiõs des particuliers, celuy qui ne tient sa parolle, pert les gages : aussi les pauures Ostages, si la paix, si les treues, si les pactions ne se gardẽt, sont en danger d'y perdre la teste. Or si pour la seule faulte de ceux qui les ont baillez on les doibt punir ou non, nous en pourrons dire quelque mot en passant à la cõclusion de ce premier liure (car nous en auons aussi traicté ailleurs) mais s'ils viẽnent eux mesmes à delinquer, nous estimons que à la rigueur on en peult faire comme des simples estrãgers passans ainsi que firẽt les Romains des Tarentins: mesmement que c'est de la part des Ostages que la foy est deue, & non à eux. toutefois on ne les sçauroit punir sans se faire tort à soymesme. car on se denue de son gage, & si Porsena Roy des Hetrusques fut biẽ plus estimé de n'auoir point seuy à l'endroit de Cloelia, que les Romains d'auoir vsé de seuerité aux Ostages des Tarentins. cela auanca leur rebellion, & y attira les Metapontins, les Thuringiens, & aultres peuples circõuoisins, dict Tite Liue. La seuerité encores qu'elle soit iuste & necessaire, elle ne plaist pas. Parquoy si leur faulte estoit pour s'estre voulu derober, le plus hõneste seroit de leur pardonner: car d'ailleurs pourquoy ne les gardoit on bien? si c'estoit pour auoir tué ou offencé vn des subiects, le meilleur & plus expedient seroit de les reserrer, leur faire & parfaire leur proces,& en surseoir & suspendre la pronunciation & execution à vn temps que la foy & l'asseurãce de ceux qui les ont deliurez seroit moins requise & necessaire. Reuenons maintenant aux articles que nous auions recueilly des executiõs faictes au temps passé sans l'ordre & procedure Iudiciaire. Nous disions en troisiesme lieu, qu'il estoit à tout le moins necessaire que celuy qu'on voudroit punir de ceste sorte fust extremement coupable,& non point indifferemment de tous crimes, mais de Perduellion & lese majesté au premier chef. Car comme ce seroit mal entendu au Medecin d'appliquer les souuerains & derniers remedes aux plus menues maladies, & le Pilote son anchre sacrée au moindre vent qui peult venir, seroit aussi & encores plus lourdement failly en l'administratiõ de la chose publique qui vseroit de coertions si estranges, où le cours ordinaire des Loix y peult suffire. Et de faict les aultres crimes ont leur ordre & se conduisent tous d'vne regle. car iaçoit que par vne longue chesne ils viẽnent à toucher & atteindre iusques à ce qui est public, toutefois ils cõmancent par le priué, si bien qu'il y a assez de tẽps & de loisir pour les corriger selõ l'art. Mais au crime de lese maiesté ou celuy qui s'en faict coupable s'adresse & vise droict à la teste de ce grand corps vniuersel pour ne l'ebranler point peu à peu, mais le réuerser tout à coup: c'est là, si nous sortõs des limites, où il se peult plus doulcemẽt excuser, à tout le moins d'aultãt plus qu'ẽ ce crime là sõt admises & aprouuées ia quelques particularitez biẽ élõgnées du sens cõmun, de la raison, équité & humanité naturelle. Ce crime ne s'estainct & ne s'abolist point en mourãt: on en accuse ceux qu'il y a quarante & cinquante ans qu'ils sont passez: pour ce crime on punist la memoire, on punist des oz, de la cendre, des statues, des images cõme choses sẽsibles & raisõnables: on rase & balafre les maisõs, les murailles, les arbres, les villes, les fossez, comme si le bois & la pierre estoiẽt cõsentans & participãs de la faulte, mais quoy? pour la coulpe du pere & du mary on en vient quelquefois iusques là que de punir la fẽme & les enfans, voire mesme toute la proximité, nõ pas seulement en leurs biens, mais en leur vie & leur hõneur. Il fault que nous rendiõs ce laus à nostre Frãce qu'il ne s'y trouuera point qu'on ayt iamais vsé de ces punitiõs si lamentables que d'attenter iusques à la vie des pauures enfans. Mais quant aux aultres Natiõs, qui verra biẽ les Histoires, il s'y en lira par tout des exemples, & y en a eu Loix qui plus est, en Macedoine & en la Grece, dict Ciceron & Brutus, & Halicarnasseus pareillement là où il traicte de la cõdẽnation de Spurius Cassius accusé d'affecter la Tyrannie. car en ce procés fut nõmément mis & posé ce doubte deuant le Peuple, si on turoit &

punîroit les enfans comme le pere. Or si dõques ce crime de Lese maiesté, tout ainsi qu'vne Afrique deserte, reçoit & admect tãt d'estrãges & piteux monstres, n'attribuons point cestuicy à aultre. Que s'il y a de l'iniustice és vns & és aultres, comme veritablemẽt tout grand cas & exemple qui se cõmect à l'endroit des particuliers pour vne necessité & vtilité publique, a tousiours ie ne sçay quoy d'iniuste meslé parmy (ainsi que Caius Cassius disoit à Rome du temps de Nerõ opinãt au Senat sus la punition des seruiteurs de Pedanius Secundus) on ne me sçauroit persuader quant à moy, qu'il n'y eust plus d'iniustice à punir l'innocẽt auecques toutes les solénitez & formalitez qu'õ vouldra, q̃ le traitre & le rebelle sans forme ne ceremonie quelconque. Pour le moins q̃ cela ne se faict point en aultres crimes. aultrement il en arriueroit cõme en la Musique. quãd la Chãçon n'est q̃ à trois ou quatre parties, s'il y a vn faux tõ, ou q̃ l'vn d'eux accorde mal, la faulte est biẽ facile à remarquer. mais si elle est à sept ou à plusieurs, ou q̃ deux ou trois encores poulsent à vne mesme partie, le mauuais ton se coule parmy les bõs, & quelquefois mesme leur dõne grace. ainsi seroit il des moindres crimes. par ce qu'ils n'importẽt pas tãt, & q̃ ce n'est qu'à vn ou à deux à q ils touchẽt, l'iniquité apparoistroit tout au trauers qui puniroit vn larron, vn meurtrier sãs forme ne figure de procés. mais en crime de lese maiesté ou c'est à tout le public q̃ on s'attaque, s'il viẽt à s'en esleuer vn bruit & vn tumulte gaulois, parmy leq̄l l'auteur de la seditiō & rebelliō tumbe par terre, ceſt exploict vn peu rude ne ſentẽd pas ſi aiſémẽt, & ſi pour le repos qu'il aporte eſt priſé & loué quelquefois. Nous diſōs Quelquefois, par ce q̄ ainſi que le vers Spō-daïque q̄lque grace qu'il puiſſe auoir en vn Poëme Heroïque, le gateroit neãtmoins q̄ l'y interpoſeroit trop ſouuẽt: auſſi ceſte execution ſi extraordinaire quelque vtilité qu'elle peuſt auoir en ſoy, toutesfois qui en vſeroit en tout crime de leſe Majeſté (comme ont peu faire beaucoup de cruels Empereurs de Rome qui acourciſſoiẽt & alongeoient ce crime comme eſtriuieres) & à l'endroit de tous ceux encores q̄ en ſeroiẽt veritablemẽt coupables, diformeroit l'eſtat & l'administratiō du Prince ou de la choſe publique. C'eſt pourquoy à cōſiderer noz exemples nous l'auōs limitée au premier chef de ce crime là: & que oultre ce pour le quatrieſme point, nous auons dict qu'il eſtoit neceſſaire premier que punir ſans procedure, que les criminels fuſſent tels ſi puiſſans, ſi factieux, ſi redoutables qu'il fuſt totalement impoſſible d'en auoir la raiſon par les formalitez de la Iuſtice. Car q̄l pretexte y auroit il d'vſer de force, où les Loix auroient aſſez d'auctorité & de puiſſance? quelle excuſe auroit le Prince de ſ'eſtre deſpouillé de ſō mãteau Royal, de ſa main, de ſon ſceptre, pour prandre l'eſpée & la cuiraſſe affin d'exterminer vn maiſtre és Arts, vn homme de robe longue, ou aultre quel qu'il ſoit de peu de credit & de moyens? & ſi la honte meut plus les grans que l'iniure & l'iniustice, quel hõneur luy seroit-ce d'auoir peur d'vn qu'il doibt magnifiquement mespriser? Mais tãt y a que l'iniustice seroit si enorme pour les raisons que nous auons au commancement alleguées, que tous les biẽs, tous les vertueux actes qu'il auroit iamais faicts ne la sçauroient compenser à l'equiualant, ne luy garantir le danger d'y perdre, comme Tyran, sa vie & son estat tout ensemble. Que disent tous les anciens Auteurs, mais Seneque entre les aultres, d'Alexandre le Grand? Ils ne le blasment pas d'auoir faict tuer Parmenion sans l'ouir, mais d'en auoir faict autãt à l'endroit de Callisthenes qui n'estoit qu'vn pauure Philosophe, qui n'apartenoit qu'à gens de sa qualité, qui pour toutes armes ne pouuoit auoir que ses liures, ny pour amas & assemblée que ses Escholiers: c'est lors qu'ils s'ecrient. Voila vn crime eternel en Alexandre que nul laps de temps n'effacera oncques: quelque vertu, quelque heur qui ayt esté en luy n'y satisfera iamais: si on dict qu'il a defaict plusieurs miliers des Perses, on dira, mais quoy? il a tué Callisthenes. si on met en auant pour le louer (ce dict Seneque) que il a destruit Darius qui iouissoit d'vn Royaume si grand: on repliquera pour le blasmer, mais il a faict mourir Callisthenes. Toutefois & quantes qu'on recitera qu'il a tout subiugué iusques à l'Ocean, & a estendu l'Empire des Macedoniẽs depuys le dernier coing de la Thrace iusques au bout de l'Orient: on dira, mais contre tout ordre de iustice il a tué Callisthenes. brief il n'a rien faict si grand, qu'est grand ce crime là, d'auoir contre toutes les Loix de Nature faict punir vn Philosophe qui n'a que la langue, sans l'auoir voulu ouir & escouter en ses defenses, aussi mourut il bien tost apres : & n'est pas elongné d'apparance ce que escript Plutarque, qu'il fut empoisonné pour cela, & que Aristote mesme en sceut bien quelque chose. La mort de Parmenion portoit son excuse sus les moyens & commoditez qu'il auoit de remuer affaires, qui luy eust faict vn lóg procés. & si la mort de Clytus s'excusoit pareillement sus la cholere ou l'ebrieté qui rendent les cas bien souuent remissibles à l'endroit mesmes des hómes priuez. Mais de faire mourir vn Philosophe sans forme ne formalité de Iustice, quelle piece peult on coudre à cela? il craignoit voluntiers son baston, son baudrier, ou sa barbe de Philosophe. que s'il craignoit son eloquance, & vne franchise & liberté de parler, (qui est le vice commun des hommes doctes) il se condamnoit plus tost luymesmes que Callisthenes. Les Corinthiens se porterent bien plus sagemẽt. car tant s'en fault qu'ils punirent sans procés ny procedure Dyonisius au parauant Tyran de Syracuse, & lors pauure Pedante en leur ville, pour les nouuelles entreprises de paruenir à la Tyrannie dont on l'accusa plusieurs fois, qu'ils ne firent totalemẽt cas (dict Iustin) de ces delations & accusations. l'Empereur Claudius en fist autãt d'Asini⁹ Gall⁹ frere vterin de Drusus, ce raporte Dion: & Domitien à l'endroit de quelques Iuifs qu'on disoit estre de la lignée de Dauid. car quand il eut veu leurs mains si dures, il ne peult croire (ce dict Eusebe) que leurs entendemens fussent capables de penser à vn Empire & Principauté. Brief, Plutarque en la vie de Galba vse tout ouuertement de ceste distinction, que Galba ne fist point mal de faire mourir sans forme de procés Macer & Fonteius par ce qu'ils estoiēt en armes, & auoiēt commandement sus des armées: mais ouy bien d'en auoir faict autant à Cingonius Varro qui auoit composé la harengue que Nymphidius debuoit dire aux soldars en vsurpant l'Empire par dessus Galba: à vn Mithridates le Pontique, & à Petronius Tertullianus homme vieil, nud & sans faction. Si bien qu'il semble qu'vn sage Prince doibt mespriser beaucoup de tels coupables. quant à ceux qu'il ne fault mespriser, il les doibt punir par Iustice: si aucuns en ce faisāt luy peuuent tenir teste, & s'esleuer contre la Republique, lors de les auoir par ruze. Mais se forger aussi des peurs, comme Herodes, & entrer en des ialousies de ses subiects pour les voir vertueux & magnanimes, comme le Roy des Parthes qui fist mourir Surena pour la trop grande reputation qu'il auoit acquise d'auoir defaict les Romains, & mené en triumphe les corps de Marcus Crassus & de son fils sans que Surena eust autrement delinqué: ce seroit bien se descrier dauantage, & tels Princes ne le sont pas. Mais comme en procedant par Iustice, si toutefois au fons il y a pour la malice des hómes ie ne sçay quoy de rancune & d'iniuste caché, les formalitez & ceremonies de la Iustice le couure plus fort: à l'opposite aussi ce qui pourroit y auoir de raison & d'aparance secrette en ces executions faictes sans forme ne figure de procés, se decouurira & reluira bien par apres, quand nous viendrons faire le procés au corps mort, ou à la memoire, & à quelqu'vn oultre cela des cõplices & aliez, en monstrant les pratiques, les conspirations, les menées, l'auctorité, la puissance de celuy qui a ainsi esté preuenu, comme fist le Senat à Rome apres la mort de Tyberius Gracchus: il donna charge aux Consuls (ce dict Valere) de faire le procés à Caius Blosius & aux aultres cõplices, adherans & amys de Tyberius. Cela cõtante les esprits, destourne les entreprises qu'on pourroit faire: ou quelque chose qui en arriue (comme de bons conseils il aduient quelquefois mal) on voit neantmoins qui a le tort. c'estoit le dernier point que nous auions recueilly des exemples de noz maieurs. Or tout ce que nous auõs dict s'est trouué assez facile à discourir. car en effaict ce n'a esté mettre en auant qu'vne histoire & narration de ce qui s'est passé entre les hómes soit à tort ou à droict. Mais de voir maintenant si contre tant de raisons que nous auons alleguées, noz exemples, & aultres s'il y en a, se peuuent defendre & soustenir par raison, c'est où il y a plus de peine, & toutefois plus de dãger que de peine. Car il y a des choses dont l'ignorãce est plus docte & plus vtile que la science: comme la Magie & les Diuinations, qui doubte que l'incertitude n'en soit plus profitable & acompagnée de meilleure esperance, que l'asseurance & resolution qui engendre mille scrupules, mille ennuiz & finalement vn desespoir, vne misere de nous voir deceuz & decheuz du bien que nous estimions tenir desia, ou sans moyen d'euiter vne mort, vne infamie, ou pauureté qu'on nous promet? pourtant tous anciens Legislateurs ont sagement defendu telles sciences. Mais puis que nous ne voulõs point bailler pour regle vne cõclusiõ prise de cinq ou six cas aduenus, & q̃ tout au rebours nous disons & soustenõs q̃ ceux qui les ont pratiquez, l'õt faict cõtre la Reglé, le precepte & la maxime vniuerselle & naturelle: nous ne faisons point d'ouuerture mauuaise si voyant que ceux mesmes qui sont auteurs de la Loy le sont aussi de ce qui s'est faict cõtre la Loy, nous desirõs sçauoir & aprẽdre s'ils ont failly, & si nous les condãnerons par leur bouche: ou si de leur intention & volunté cõtre ce qu'ils ont escript nous tirerons quelque raison & apparãce pourquoy ils se soient dispansez d'estre repugnans à eux-mesmes. Cela aduient souuant que l'escript & le sens de la Loy inopinément se combatent l'vn contre l'autre. Toutesfois nous courrons legerement par dessus les raisons qui peuuent estre de executer au parauant que iuger, de peur que si nous les trettions auec trop de curiosité & de langage, on print de là fundement d'vne chose qui est plus à euiter qu'imiter. mais de passer aussi entierement par dessus, ce seroit trop resolument condamner l'Antiquité, & abandonner le party des bons pour au moyé d'vne compassion & commiseration miserable fauoriser aux factieux. Nous recommancerons donques par l'exemple du parricide. Il n'y a rien tant contre Nature que d'oster la vie à celuy qui nous la donne: & partant Iulius Capitolinus escript qu'il n'est permis aucunement par la Loy de Nature que le fils respire & demeure en ce monde, qui a rauy & osté la vie & l'esprit au pere. Et neantmoins il est arriué que ceste Loy de Nature a combatu plusieurs fois contre vne aultre Loy pareillement Naturelle qui donne licence & permission de repousser de nous & des nostres le mal & l'iniure qu'on nous veult faire: & a lon veu contester ensemble Pieté contre Pieté, Charité vers Charité, Nature contre Nature, & trouué que le parricide au lieu de le punir, a esté reputé pour naturellement & humainement commis. Les Dieux mesmes qui presiderent au iugement d'Orestes le pronuncerent ainsi. car bien qu'il eust tué sa mere Clytemnestra, toutefois par ce que c'estoit vangeant la mort de son pere Agamemnon qu'elle auoit empoisonné, il fut absoult: & est vulgaire que Marcus Popilius Lenas à ROme, & Dolabella Proconsul en Asie, & les Areopages d'Athenes ne voulurent pas faire mourir celle qui auoit tué sa mere pour recompance de ce que les enfans d'elle-mesmes auoiét esté tuez & empoisonnez par leur ayeule. Mais qui plus est, les Loix ont donné prix à l'enfant qui occiroit le pere faisant la guerre à son Pays, ou desirant & affectant la Tyrannie. Aussi combien qu'il soit naturel d'ouir vn homme en ses defenses, il peult arriuer neantmoins que ce soit iustement & naturellement faict de le punir premier que le traitter en Iustice. Car il est naturel au contraire de regarder plus tost à la conseruation de son estre, que de celuy d'aultruy: à l'entretenement de tout le corps, que d'vne part & portion d'iceluy: & naturel encores, de repousser la force de mesme force. Que si pour ces considerations là le priué & le particulier qui voit le feu à deux maisons pres de luy, peult demolir & abatre celle de son proche voisin pour couper chemin à la flamme & l'empescher de venir iusques à luy: peult de son auctorité tuer celuy qui le vient assaillir, ou sa femme, ou ses enfans, sans attendre à le traitter par Iustice: peult ietter en mer tout ce qu'il y a de riche & precieux au nauire apartenant à aultruy pour preseruer & garder le vaisseau: peult en vne extreme famine ietter & exposer les enfans, les femmes, les vieilles gens, les inualides: pourquoy à plus forte raison le Prince, le souuerain Magistrat, le Dictateur ne le fera qui Iuge en punissant, & punist en Iugeāt? N'est-il point plus equitable que le Prince & le Magistrat qui voyent ou preuoyent plus tost que c'est à eux & à tout l'Estat que lon s'adresse, auisent par tous moyens à la cõseruation d'eux

& de

&de leur peuple, que à ce q̃ lon sçauroit de bien ou mal faire à deux ou trois? & les voyans qu'ils vsent de force, & ont recours nõ point aux Loix, mais aux armes, qu'il ne soit iuste & naturel en ce cas de les opprimer tout de mesme sans attendre qu'ils ayent paruenu où ils veulent, & qu'il n'y ait plus de Loix ny de formes iudiciaires pour les punir! *Quid est quod contra vim sine vi fieri possit?* dict Ciceron. Il n'y a homme de si peu d'entendement ce me semble qui ne confesse ceste consideration estre veritable de soy: mais c'est à l'application & à l'hipothese qu'on peult errer. Passons plus oultre. Les Loix sont elles faites contre elle-mesmes! il seroit vray si demeurant opiniatrement en leurs mots, en leurs syllabes, elles se voyoient par cela mesmes destruites & renuersees totalement. Mais il est ainsi de la Loy qui est le Magistrat muet, comme il est du Magistrat qui est la Loy viue. Tant que le Magistrat se voit suffisamment craint & reueré à son seul nom & en sa Toge: que la baguette de son Huissier luy faict & apporte autant de place & d'obeissance que toutes les haches & halebardes du monde, il demeure en son siege, en ses edicts & façons ordinaires. mais s'il experimente qu'on se vueille licencier par dessus luy, & que la voix de son ministre n'ayt plus de lieu, il prent le saye, il s'arme luymesmes, monte sus ses grans cheuaux comme lon dict. aussi la Loy sort de ses gons, & maict à part pour quelque temps ses formules & sanctions pleines de stile & de ceremonie, brief se dispence soymesmes quand elle voit que c'est de son bastõ qu'on la veult batre. Ne seroit elle pas autremẽt plus cause de sa ruine, que celuy qui par vne trop grãde puissance la veult supprimer & ruiner? Cõme pour les seditieux cõportemens de Tyberius Gracchus tout le Senat fust d'aduis que le Consul Mutius Sceuola defendist la Republique par armes, & que Mutius eust faict responce qu'il n'y procederoit point de force, se leua Scipio Nasica qui vsa de ces mots, *Quoniam Cõsul dum iuris ordinem sequitur, id agit vt cum omnibus legibus Romanum imperiũ corruat, egomet priuatus voluntati vestræ me offero ducem.* & Marius cõme il eust par dessus les traittez de la paix donné le droict de Bourgeoisie aux Camertins, dist brauemẽt, *se inter armorum strepitum verba iuris ciuilis exaudire non potuisse.* Certainemẽt il arriue des tẽps si malheureux, qu'il est plus necessaire de defendre les Loix, que les ouir. En la Chirurgie, s'il est question de seigner vn malade, c'est biẽ l'ordinaire de le faire au matin & à ieun. mais si la maladie estoit si grande & si soudaine qu'õ ne peust differer au l'andemain, il seroit aussi bien celon l'art de ne garder point d'art en cest endroit, comme il est de precepte d'ensuiure les regles en aultres cas. Il est tout ainsi de la Loy. puis que son but est le salut, la conseruation & protection d'elle & du Peuple, il ne la fault iamais interpreter tant à son desauantage, qu'elle & ses citoyens perissent en la gardant & obseruant estroittement. Ne seroit ce pas tumber en ce danger, ſi en attendant les delaiz d'vne accuſation, l'accuſé durant ce temps là ſe rendoit plus fort & plus puiſſãt que les Loix! ne ſeroit-ce pas vne ſimplicité trop fade d'auoir peur de la Loy, & la voir ce pendant perir & abiſmer auecque nous? Qui les penſera ſuyure n'ayans plus de puiſſance, il verſera quand elles, ou ſera à bon eſciant ridicule, comme Virginius le Tribun qui voulut faire peur à Sylla en l'accuſãt & luy baillant iour & aſſignation à ſe trouuer deuant des Iuges. Car Sylla ſe moqua d'eux, & meſpriſant leurs edicts & mandemens partit de Rome au veu de tout le Peuple, & ſ'en alla faire la guerre à Mithridates. comme fut Metellus le Tribun qui eſtimoit par ſes Loix pouuoir empeſcher Iules Ceſar de toucher aux finãces publiques lors que la ville fut abandonnée de Pompée. Cneus Piſo eut bien meilleure grace quand en l'accuſation qu'il pourſuiuoit contre Manilius Criſpus, & que Pompée luy euſt demandé, pourquoy il ne l'accuſoit auſſi puis qu'il diſoit de luy tant de mal, luy fiſt reſpõſe en ces termes (ce dict Valere) *Da vades Reip. te ſi poſtulatus fueris, ciuile bellum non excitaturum: iam de tuo prius quàm de Manilij capite in conſilium iudices mittam.* Il eſt auſſi dangereux quelquesfois d'vſer d'vn trop grand regime, que de n'en vſer point. Mais lequel eſt-ce qui eſt plus obſeruateur de ſa Religion celuy qui n'oſe combatre le iour de feſte, & en ce faiſant pert ſes forſes, ſa liberté, ſon pays, voit piller & prophaner ſõ Tẽple: ou celuy q̃ frapãt à bõ eſciãt defend ſes

Loix & sa Patrie, gagne & emporte la victoire, & puis faict vne grãde procession & sacrifice pour purger & expier le iour autrement gardé & solennisé que de coustume! ainsi est-il des Loix & de la Iustice. Celuy qui list & relist leurs ordonnances le plus souuent, n'est pas celuy qui entẽd quelquefois mieux leur intention & volunté. Ainsi q̃ le marinier a des quadrans pour le iour, des quadrans pour la nuict, autres la mer bonnace, aultres tempestueuse: aussi le Magistrat a des Loix pour la guerre & des Loix pour la Paix: des Loix pour ceux qui les reuerẽt, d'autres pour ceux qui les mesprisent. Et quant à celles mesmes que nous appellons ordinairement Loix, si les aultres sont plus secretes, sont elles faictes pour ceux qui les violent tout à vn coup? Seroit ce vne Iustice bien proportionnée de garder autant de solennité & de douceur, d'ordre, faueur & priuilege à celuy qui d'vn seul acte veult renuerser toute Police, qu'à celuy lequel s'il a offencé a offencé humainement & se submaict à l'ordre & establissement vniuersel de son Pays! Certes si les Anciens n'ont pas estimé chose saincte de communiquer la frãchise & liberté des lieux Sacrez aux Sacrileges, aux excõmuniez, aux Heretiques: semble que tout de mesme ceux ne sõt dignes du benefice des Loix qui n'en recõgnoissent que celles qu'ils veulent forger & innouer. Or quãd il y auroit (comme veritablemẽt il y a) quelque vmbre & figure d'iniustice és executiõs dõt nous parlõs, toutefois il se peult dire qu'elles sont tolerables pour deux raisõs. La premiere, qui les compassera & mesurera à la Regle des deux puissãtes Deesses Vtilité & Necessité. la seconde, par ce que la maxime n'est pas tousiours certeine que le contraire se guarist par l'apposition & opposition de son cõtraire, le froit par le chault, le saic par vne humidité, l'intemperie & l'inquietude par vn repos & abstinence. car il fault quelquefois iouer au quite & au double, chacer vne poison par vne aultre poison: pour guarir vne playe en faire vne plus grãde. aussi au maniment de la Republique quelquefois vne faulte ne se peult corriger & amender que par vne aultre faulte, erreur & iniustice. mais la difference qui est entre les deux, L'vne pour nuire, l'aultre pour profiter. faict que comme la poison prise en antidote n'est plus poison, aussi l'iniustice faite pour vangeance d'vne aultre, n'est plus iniustice, mais se tourne & se resoult en equité & iustice, tout ainsi qu'vn breuage fort & amer en douceur & salubrité. C'est de là pourquoy le Senat à Rome voyant le tort & l'iniustice que les Tribuns du Peuple faisoient à Furius & Manilius, d'autant que pendant leur Cõsulat ils s'estoiẽt virilemẽt & sans se soucier de la fortune qu'auoiẽt encouru pour mesme cause Martius & Menenius, opposez aux Loix Agreres, & qu'il n'estoit pas possible de les sauuer des mains du Peuple, tant Genutius le Tribun le poussoit & emouuoit à sedition & cruauté: cõclud & delibera qu'il y falloit remedier par mesme voye, si bien que la nuict ensuyuant Genutius se trouua mort & estrãglé en sa maisõ, dict Tite Liue. C'est pourquoy Diõ permist à Syracuse que Heraclides fust tué, par ce que ses façons & comportemens alloient minant & ruinant la liberté qu'il leur auoit nouuellement acquise & à grãde peine, ce dict Plutarque. De ceste mesme Iurisprudẽce cachée procede que l'Orateur Antonius osa bien en iugement cõme il defendoit Caius Norbanus alleguer & mõstrer par viues raisons qu'il y auoit des seditiõs par fois iustes & aucunemẽt necessaires, cõme quãd il fut question de chãcer les Roys de la Cité: de creer & eriger des Tribus pour le Peuple: de cõmuniquer les Estats & Offices qu'auoiẽt tousiours tenu les Patritiens aux Plebeiẽs: d'introduire la voye d'appel, & aultres telles choses vtiles & profitables à l'vnion & cõseruation de la Chose publique qu'on n'a tousiours peu gaigner & obtenir de la Noblesse sans tumulte, sans diuisions & remuemens qui sont coustumierement plains, suiuis & acõpagnez de meurtres, bannissemens, pertes & confiscations de biens, sentenses & iugemens donnez à la volée, par contrainte ou en courroux. Et à la verité il semble que cela part d'vne imitatiõ naturelle. Car iaçoit que les grans tourbillons de vens, les tõnerres, les tẽpestes & tourmẽtes en mair soiẽt causes de beaucoup de ruines & de calamitez çà & là: toutesfois venant à cõsiderer l'Vniuers, telles emotiõs & agitatiõs sont necessaires, & profitent plus qu'elles n'offencẽt. elles purifiẽt l'air, reueillent & excitent la force, la vigueur & viuacité primitiue des elemés, tout ainsi que la luite faict la chaleur naturelle. nous ne voulons pas dire la crapule, l'ebrieté & l'intéperance: & toutefois les Medecins tiennét qu'à vne nature trop endormie & trop pesáte, elle est quelquefois necessaire & plus vtile que la plus fresche & mieux preparée casse ou rubarbe. Ainsi est-il de beaucoup d'actes rudes & violens faicts en la Republique. car à les cósiderer separément, il y peult auoir de l'iniustice: mais à les prendre & conter en bloc, l'effaict & l'euenement en est beau, vtile & magnifique à merueille. Si c'est vice, noz administratiós que des hómes maniét, non pas des Dieux, ont cela de vice & d'imperfection née auec elles, qu'il fault passer aucunefois au trauers d'vne chose mauuaise pour paruenir à vne qui soit bóne & equitable. Retournós aux Romains (car qui est la Nation qui a iamais plus abundé en exemples dignes & vertueux que celle là!) Le Senat voyát que Caius Gracchus alloit gaignát la bonne grace du Peuple au desauátage & preiudice des Senateurs par Loix qu'il mettoit en auant à toutes heures plaisantes & fauorables au Peuple: il luy opposa Liuius Drusus só Collegue au Tribunal, lequel s'entédant auec le Senat, cómança à en proposer de plus gratieuses & populaires, disát tousiours Liuius Drusus, que c'estoit de l'auctorité & consentement du Senat qu'il le faisoit. Par ce moyé le Senat d'vne chose inique vint à en faire vne iuste, vtile & necessaire, c'est de destruire l'auctorité de Gracchus, & se reconcilier le Peuple à luy pour le mener & manier par apres celon raison. Pareillemẽt Iule Cesar comme en demandant le Consulat il fust si temeraire & si peu soucieux de l'obseruatiõ de la Loy qu'il faisoit publiquement distribuer argent au Peuple pour le corrumpre tãt à la faueur de luy que de Lucius Luceius qu'il desiroit auoir pour cõpagnon: Le Senat considerãt que ceste pratique tendoit à ne sçay quoy de mauuais, & que Cesar en ayant vn Collegue qui s'entẽdist auec luy, feroit & entreprendroit tout ce qui luy viendroit en volũté: & ne peust le Senat resister à ceste ambition & marchandise d'Estats si impudante, de peur d'irriter & offencer le Peuple qui y estoit ia trop alliché & affriandé: fut d'aduis d'opposer Bibulus à Luceius, & de luy fournir & auancer argent pour emporter le Cõsulat par dessus luy, n'estimant pas que pour lors telle venalité fust tant contre le bien & l'vtilité de la Republique, que bailler à Cesar vn compagnõ qui ne luy resistast & ne fist teste où l'occasion le requerroit. Et dict Suetone que Caton mesmes fut de cest aduis. qui est biẽ vraisemblable. Car Plutarque recite en la vie de Cesar que Caton peu au parauant, lors que Cesar poursuyuoit la Preture, fut aussi d'opinion de faire donner & distribuer du bled au Peuple, affin que detourner l'affection qu'il portoit à Cesar pour les Nouuelles tables dont il leur donnoit esperance, & en ce faisant le recõcilier au Senat & à la meilleure partie des gens de bien. & neantmoins tous ces allechemens sont dangereux & contre les Loix. Mais tout ainsi que la femme qui ne doibt cherir & aimer que son espoux, si en ne prenant pas garde aux ruses & flateries de ceux qui la veulēt seduire, & comme d'vne fontaine sise au parterre d'aultruy, deriuer d'elle vne portion de cest amour, elle s'en alloit leur monstrant peu à peu plus de priuauté & de familiarité qu'il n'est seāt: le mary faict sagement & bien qui ne luy vse pas de rigueur & d'austerité de peur de l'aliener & estranger du tout, mais la ramasse & reunist à soy par aultres & plus doux traictemens & allechemens: aussi le Magistrat quand il voit que son peuple se va fondant & iettāt au giron d'vn seul de ses citoyens, au lieu de les reuerer & aimer tous egalemēt, il doibt & peult par to⁹ moiēs & artifices le reuoquer & ramener à son obeissance. Car encores que & l'vn & l'aultre vse de mesmes traicts pour y venir, ils sōt louables en l'vn, car il le faict *suo iure*: & blasmables en l'aultre, par ce que c'est vsurpation & entreprise. Aussi les voies de faict dont le priué & le particulier s'autorise, ne peuuent se parer d'aultre tiltre que de force & violance: & celles dont vse le Prince bō & legitime (nous ne parlons pas des aultres) iaçoit que de premiere rencontre elles semblent tenir & sentir de l'iniustice, ce neantmoins quelquefois il arriue que ce soit vne iuste & legitime iustice, comme dict Seneque vsant de ces mots, *Quicquid fit non legitimè pro legibus, æquius meliusque* eſt. Pour le moins que ſi entre les parties de la Iuſtice eſt pareillement celle que les Latins appellent *Par*, on peult iuſtement dire qu'il y a de la iuſtice & equité en celà de reſiſter aux grans maux par aultres maux. Brief c'eſt vn piteux cas, & toutefois fatalement neceſſaire, que les ceremonies de la loy ſeruent par fois à vne iniuſtice: & que où la Iuſtice eſt toute claire, il ſoit auſſi tres dangereux d'en vſer. qui eſt l'occaſion pour laquelle comme Lycurgus auoit des Loix qu'il appelloit les Cryptiques, & les Romains des Senatuſconſultes qu'ils ſurnommoyent *Tacita*, qu'és iugemens auſſi il y a quelquefois du ſecret aultre que ce qui eſt porté par le proces. On faict mine de cōdamner vn homme affin de luy donner couleur & occaſion de ſ'enfuir vers les ennemys & y eſtāt les trumper & pratiquer pour le ſeruice de ſa Patrie ou de ſon Prince, ainſi que fiſt Mithridates à Olthacus pour ſ'ē ſeruir à ſurprendre & tuer Lucullus. Affin de deſauouer en public la faulte qui eſtoit neantmoins publique, on conſeille ſoubs main à quelque particulier de ſ'euader, & puis à bā & cry public on luy faict ſon proces, on luy confiſque ſes biens: & par apres on les luy rend, comme firent les Acheiens par le conſeil d'Agaſiſthenes aux vingt & quatre de leurs citoiens que les Lacedemoniens preſſoyent de leur eſtre liurez, ce dict Pauſanias au ſeptieſme liure de ſon hiſtoire Gregeoiſe. Et à bon eſciant quelquefois on puniſt ceux qui n'en peuuent mais pour ſauuer le reſte des citoyens, comme y fut faict à Athenes (ce dict Plutarque) pour complaire à Demetrius : comme firent les Carthaginois à Asdrubal & Carthalon pour se iustifier vers les Romains, dict Appié : on punist ceux que nous auons mis nousmesmes en besongne, pour en desauouer mieux le cas, comme fist Tibere à Cneus Piso pour l'empoisonnemét de Germanicus, qu'il luy auoit toutefois commandé, dict Tacitus. Et au contraire on absoult le coupable pour euiter vn plus grand mal (cóme nous dirons cy apres) ou pour le decepuoir & auoir vne autrefois mieux à propos. ainsi que firent Octauius Cesar à Quintus Gallius, & les enfans d'Antipater à Malichus, ce raporte Ioseph au premier liure de la guerre des Iuifs. De façon que si pour vne certaine necessité qu'on ne peult definir, il se faict soubs le nom de la Iustice beaucoup de choses iniques & desraisonnables de soy, on en peult bien aussi faire de iustes & bonnes par dessus les regles & solemnitez de la Loy. Mais pourquoy entrons nous si auant en ceste Philosophie Politique, veu que nous ne sommes point proprement en ces termes de parler des choses iniustes de soy, ou iniustes en priué, & iustes à considerer le public? comme on dict d'Aristides qu'il estoit parfaictement droict & Iuste és choses priuées de hóme à homme, mais en l'administration des affaires publiques qu'il faisoit beaucoup de choses celon l'exigence des temps, & selon les occurréces de sa ville d'Athenes, laquelle souuent auoit besoin de violance & d'iniustice bien grande : & cóme on dict de Phoció au cótraire, q̃ s'arrestant par trop à ce qui eust esté bien seant & iuste s'il eust esté personne priuée, c'est de garder la foy & la parolle qu'il auoit promise à Nicanor: oublia estant Capitaine general des Atheniens & tenãt lieu de personne publique vn aultre plus grand droict & obligation plus grande qu'il debuoit à sa Patrie, c'est de regarder à ce qui luy estoit vtile & necessaire, non pas trop iuste & trop honneste lors qu'il y va de l'Estat. Nous sommes és termes de considerer seulement si par default d'vne seule formalité & solemnité de la Loy, c'est perpetuellement chose inique de punir vn meschant tout asseuré sans l'ouir. Puis qu'ainsi est, qu'est il besoin d'attendre si fort les preuues, des confessions ou denegations lors que le crime & le coupable sont manifestes? C'est vne regle bien vulgaire en Droict qu'és choses notoires de toute notorieté de faict & de droict, il n'y fault point de preuue. Mais particulierement au crime de lese maiesté, Quintilien dict fort proprement és aultres Declarations qu'és vulgaires: *Quædam esse crimina læsæ Reipublicæ ad quorum pronũtiationem soli oculi sufficiunt.* ce qu'il semble que Seneque vueille interpreter par exemple quand il dict au dixiesme liure des Controuerses: *An læsa sit Respublica non solet argumentis probari, manifesta statim Reip. damna sunt, si muri diruti sunt, si classis insensa est, si exercitus amissus, si vectigalia deminuta.* Qui eust peu saisir au corps Iule Cesar, l'eust il fallu ouir & interroger, & puys auoir de la preuue s'il auoit passé le Rubicõ, entré en armes en

Italie, pris les Thesors de la Republique, vsurpe la Dictature perpetuelle, emporte les villes par force, & tels aultres actes qu'il fist côtre les Loix? En heresie (que nous disons estre crime de lese maiesté diuine) il fut traicté au Concile de Latran tenu soubs le Pape Martin premier de ce nom, peu apres l'an six cens, qu'il estoit frustratoire de tenir forme de procedure iudiciaire à condamner les heretiques Cyrus, Sergius, Pyrrhus & Paulus dont il estoit question lors, leur bailler des accusateurs, les adiourner & contumacer s'ils estoyent viuans, ou en cas de mort faire sçauoir à son de trompe ou par affiches & proclamatiós q̃ qui voudroit venir defédre leur memoire & leur doctrine, il y seroit receu: quand par leurs liures qu'ils auoiẽt publiez il apparoissoit de leurs erreurs & faulse doctrine. & allegua on que Theodorus & Origene auoyent esté au cinquiesme Synode long temps apres leur decez condamnez & excommuniez eux & leurs liures sans aultre forme qu'à la lecture & audition de leurs escripts. Et en moindre crime, mais entre personnes plus graues, n'auons nous pas en l'histoire Françoise & és Decrets du Pape Nicolas premier, que sans accusation, sans forme iudiciaire ce Pape excommunia & bannit de l'Eglise Lothaire Roy de Lorraine, par ce que ayãt repudié Theodeberge sa femme, il en auoit espousé vne seconde? & que comme Charles le Chauue oncle du Roy Lothaire eust trouué ceste façon vn peu dure, Nicolas luy escriuit, qu'en faultes si manifestes & qui estoyent au veu & sceu de tout le mõde, l'ordre iudiciaire n'y estoit point requis ne necessaire? En chose qu'il auoit commise en face de Saincte Eglise, & voyant vn chascun que du viuant de sa femme il tenoit Vualdrade en sa maison, falloit il craindre ou la calumnie d'vn demandeur & accusateur, qu'il circonuint l'innocence d'vn Roy: ou la tergiuersation, que sa faulte ne fust congnue? Et toutesfois és cas où nous sommes nous ne reiettons pas toute la preuue. nous luy donnons vn lieu pour l'aultre, & pour la necessité qui suruient nous peruertissons seulement l'ordre en commençant par l'execution & finissant par le proces. Que si d'ouir vn accusé il estoit tellement necessaire qu'il n'y peult ne deust iamais auoir exception quelconque, comment feroit on le proces à vn mort? cõment le feroit on à vn sourt & muet de nature? à vn enfant? & qui plus est, où seroit le moyen de le faire à vne beste, à du fer & à du marbre? & neantmoins il s'est faict, comme nous deduirons en son lieu. Pour ceste forme d'ouir qui n'y peult estre, on en mect d'aultres. Ainsi en cest endroit, l'instruction q̃ est trãsposée pour iuste cause & pour la conseruation des loix mesmes, a fundement & apparence de Iustice & de raison. *Hoc ius ipse Iuppiter sanxit* (dict Ciceron és Philippiques) *vt omnia quæ Reipublicæ salutaria sunt, legitima & iusta habeantur.* Et ne se faict rien en celà contre les Loix. Car les cas aduenãs qu'il fault se dispacer de leurs regles & formalitez ordinaires, elles veulét & cõmandent elles mesmes qu'on s'en dispance. *Non se expectari iubet* (dict encore le Cicerõ *pro Milone*) *cum ei qui expectare velit ante iniusta pœna luenda sit, quàm iusta repetẽda.* Que si les Loix le cõmandent à vn priué ou y n'y va q̃ de l'interest de sa persõne ou de ses biẽs, cõbien à plus forte raison le cõmandẽt elles au Prince lequel est plustost la Loy mesme, qui represẽte le Dieu puissãt, q̃ treine & meine auecque luy tout le public, tout l'Estat & le gouuernemẽt, ne plus ne moins que le firmamẽt rauist & emporte les spheres qui tournẽt çà & là par dessous luy. Et si les Loix le cõmandent encores és moindres crimes, ne le sõt elles point où la maiesté est violée? certes si font, & c'est pourquoy ce bõ Catõ disoit en la cause de Lẽtulus, *Cætera maleficia tũ persequi posse, vbi facta sunt: crimẽ proditionis nisi prouideatur ne accidat, vbi euenerit, frustra leges implorari.* Mais on pourroit dire oultre cela, que preuenir vn seditieux & vn rebelle, c'est à bon esciãt implorer la Iustice, & non en vain. Car elle n'a pas sans cause les balãces & le couteau tout en vne main, mais les vnes en vne & l'aultre en l'aultre, sinon pour donner à entẽdre qu'elle est fondée à se seruir & aider cumulatiuement, ou a part de la balance & du glaiue, selon qu'elle en auisera les occasions vtiles & necessaires. Que si la hache & les verges des anciens Magistrats à Rome estoyẽt liees & fagottees ensẽble pour designer &

faire paroistre qu'à punir & corriger les offēces il n'y fault pas aller dissolument, mais à loisir oyant & s'informant le Preteur pendāt le temps que le ministre delie & apreste ses verges: il fault aussi considerer qu'on portoit ceste hache deuāt le Preteur, non pas derriere, & que l'espee que donnent les Paintres, les Poëtes, les Rhetoriciēs à Iustice, la luy donnent toute nue en la main, nō au foureau, pour donner aussi à entendre à l'opposite, qu'il ne fault pas tousiours vser de scrupule & de longueur, mais aller au deuant, & fraper le premier aucunefois, de peur de commettre la faulte des craintifs Medecins ou Chirurgiens qui par faulte d'oser à bon esciant remedier à la maladie pendant qu'il en est temps, different iusques à ce que la vigueur & vertu naturelle du patient soit esteincte & aneantie. *Certe quidem stultum est dum rumorem respicimus, dum paramus defensiones, morari securitatem.* C'est à quoy il me semble que regardoit Asconius, quād il dict, qu'en matiere ciuile celuy qui iuge, *factorum iudex est, non futurorum*: comme voulant inferer, qu'en matiere criminelle on est quelquefois iuge des choses qui ne sont point encores faictes, mais qu'on voit bien proches à faire. Que si les Areopages le mōstrerent en ce petit enfāt qu'ils condamnerent à mort, non pour auoir tiré & creué les yeux d'vn nombre de petits oiseaux (car ce n'estoit pas crime) mais par ce qu'ils cōiecturerent de là qu'il seroit vn iour merueilleusement cruel & inhumain s'il viuoit: le prepostere

ſtere ordre dont nous parlons ſe peult & doibt plus iuſtement tolerer & diſſimuler quelquefois que ce ſont hommes puiſſans qui taſchēt à ſubuertir & abymer tout le Pays. Nous ne dirons plus que ce mot affin d'entrer en vn aultre propos plus plauſible & fauorable, c'eſt quil n'y a perſonne qui vueille nier que quant à la diſcipline Militaire, pour l'vrgente neceſſité qui y eſt, on y reçoit beaucoup de choſes pour bien & legitimement faictes, qui en temps de paix, & hors les camps ſeroyent veritablement contre droict & contre raiſon. Or il ſenſuyt de là que où la diſcipline Publique tumberoit en ceſt extremité qu'on doubteroit ſi elle a moyen de ſe guarder, on ne doibt plus trouuer eſtrāge ſi elle ſe reduict & compoſe à l'inſtar de la Militaire : demeurant neantmoins celà touſiours pour certain & conſtant (comme nous dirons plus amplement ſus la fin) que ſi tels remedes ſont aucunefois neceſſaires, qu'ils ſont auſſi le plus ſouuēt & preſque touſiours tres dangereux, & ordinairemēt reuſſiſſent tout au rebours de ce qu'on eſpere ſoit en vne diſcipline ou en l'aultre, mais plus en Paix qu'en la Guerre.

Maintenant ce où nous voulons paſſer comme d'vn theatre Tragique en vn Comique, eſt, faiſant argument de deux contraires, par ce que la raiſon, la ſcience, & la traditiue en eſt ordinairement toute pareille, prendre plus de plaiſir à demander ſi au contraire de ce que nous auons traicté iuſques icy, nous pouuons iuſtement enuoyer & absouldre sans forme ne figure de procés: & si cela encores nous pourroit seruir d'aultre raison ou excuse pour dire que la punition faicte de mesme est legitime, si l'absolution pareille est trouuée bonne. Car il y a veritablement apparence que si l'vn se peult faire, l'aultre le puisse, tout ainsi que du prix & de la peine: Si noz haults faicts & noz merites sont aucunefois cause que la noblesse, le prix, les prerogatiues & priuileges passent à noz enfans & heritiers ores qu'ils s'en trouuent indignes: il s'ensuyt aussi que les faultes peuuent estre si grandes qu'il soit pareillement raisonnable que la peine touche iusques à eux combien qu'ils n'ayent failly ne delinqué de leur part. Car pour estre l'vn plus gratieux & fauorable que l'aultre, la conclusion n'est pas valable qu'il y ayt plus de Iustice & de raison à absouldre qu'à condamner en vne façon ou en l'aultre: ou ce seroit tout autant que qui diroit, par ce que le blanc est plus plaisant que le noir, que ce ne fussent pas couleurs equalement pour cela parfaictes & naturelles en leur endroict. Toutefois la faueur & plausibilité de l'vn plus que l'aultre faict certes qu'il est mieux receu, & moins perilleux & dangereux (à tout le moins le semble il de prime face) d'absouldre que condamner iniquement, à plus forte raison, sans formalité quelconque. Nostre humanité en est cause, & la compassion naturelle que porte toute espece à son espece: aussi que pour le regard des effects qui en viennent, on voit à l'experience que les benings & doux remedes profitent ordinairement plus, que les rudes & apres. Tant de villes, tant de Nations toutes entieres qu'on a domptées & ramenées à la raison & obeissance par doulceur, par clemence & misericorde plustost que par armes & imperieuses pronuntiations & iugemens? L'occasion est, que naturellement nous opposons & tendons les nerfs contre ce qu'on veult auoir de nous par aultre voye que par amitié & honnesteté: tout ainsi que le cheual qui est desia rude en bouche, s'offence plus & se rend moins traictable le conduisant d'vn mors bien roide, que d'vn qui plie & obeist aucunement. En general, toutes bestes les plus sauuages, iusques aux poissons (ce dict Platon) ne les apriuoise lon pas auecques bon traictement: & les plus familieres & domestiques s'effarouchent & alienent de nous par vne trop grande rigueur & austerité? Il est ainsi des hommes mesmes, sinon qu'ils ont cela encores plus que les bestes, qu'ils obeissent tresvolontiers à ce qu'ils estiment plus que eux, qui n'est pas à la force, à la cruauté, ou seuerité demesurée, car tout homme malitieux & rebelle n'en manque point: mais a vne bonté, a vne doulceur, facilité & humanité qui ne s'accompagne iamais que de probité & de vertu. S'il est naturel d'obeir aux plus forts, il est spontanée & de gré à gré d'obeir aux meilleurs. Mais ce propos va plus loing que nostre intētion & deliberation n'est pas. Demeurons là, que cõme la cure est bien plus belle laquelle apres la consolidation de la playe laisse la partie droicte & entiere, que celle qui la rend difforme & malaisée par incisions & distortions: aussi le Prince & le Magistrat souuerain s'il peult ramener son subiect à la crainte de Dieu & des Loix, sera bien aimé & estimé dauantage s'il le garde pour s'en seruir, que s'il le perd en ne pardonnant iamais à quelque faulte qu'il face. De là procedent les acclamations & voix publiques que nous lisons és Anciens de ce qu'vn grand seigneur traicté & accusé en Iustice, estoit plustost relaché & enuoyé que puny. *Absolutos publica illa acclamatio sequitur: à damnato tristes recedunt, & victricis quoque partis silentium est*, dict Quintilien. Il en aduint ainsi apres l'absolution de Fabius Rutilianus, lequel Papyrius Cursor deliberoit de punir par ce qu'il auoit combatu oultre le commandemẽt de son dictateur: apres l'absolution de Lucius Scipio, apres celle de Pompée le Grand que prononça Antistius le Preteur qui de Iuge pendant le procés deuint beaupere de l'accusé. C'est pour monstrer que l'absolution est bien certainement plus fauorable, & le discours qu'on en peult faire, plus plaisant & agreable que les sentenses & Iugemens qui portent peine. Mais si on doibt aussi absouldre sans forme ne figure de proces, c'est ce qui nous reste à voir & considerer pour le present. Car iaçoit que l'absolution soit plus plausible, si estce que la punition des crimes est necessaire, & l'Estat & Gouuernement public ne se conserue pas moins en chastiant les mauuais, qu'en louant & gratifiant les bons. Cela est bien vray puis que d'vne grande Iustice tres exemplaire & necessaire part aussi bien vne acclamation, loüange & resiouissance publique, que des remissions & absolutions, comme fut celle dont vsa tout le Peuple Romain à Ciceron quand il eut faict executer Lentulus, Cethegus, & les aultres complices de Catilina & de Manlius, ce recite Plutarque. Parquoy s'il peult neantmoins estre odieux de laisser par vne trop lasche & dissolue facilité & simplicité les crimes sans estre puniz, il le sera bien qui plus est, si delaissée toute forme & formalité iudiciaire on declare innocent celuy qui ne l'est pas. En le faisant par proces le scandale se peult couurir ou sus le default de la preuue ou sus le tesmoignage de ceux qui à tort ou à droict ont iustifié l'accusé, ou sus la mauuaise opinion de l'accusateur, ou sus les anciens merites de l'accusé que les Perses compassoyent auecques ses faultes, dict Herodote: ou sus la douceur & compassion, faueur ou negligence des Iuges. & puis la longueur de prison, & ce seul nom & qualité d'Accusé, la crainte, le tremblement, la peur & l'incertitude où il s'est veu, tient par fois lieu de supplice, & va contentant & assouuissant le cueur des hommes, lequel est tel, que nous desirons voir rebutez & affligez ceux desquels nous auons opinion mauuaise: & puis les voyãt en cest estat, nous en auons pitié & compassion. Mais de le faire sans ordre quelconque, ne qu'il y paroisse forme ne solemnité de Iustice, que diroit on aultre chose sinon que le Prince & le Magistrat qui vse de telles voyes, preste l'espaule & fauorise apertement & deuant tout le monde au vice, à la meschanceté, aux voleurs, aux meurtriers, à l'oppression & tyrannie? I'oserois bien asseurer que telle iniustice est quasi plus transparante & euidente, qu'à punir vn accusé sans l'ouir. Car quand le Souuerain l'a commandé, on va disant, Il l'auoit bien merité en toutes sortes: & de prime face on ne presume pas mal de son Prince, ou si lon entre en des suspitions, il s'en presente pour & contre, & estime lon pareillement qu'il y a ie ne sçay quoy de secret qui n'est pas expedient que chascun sache. Finalement (comme nous auons dict) aprés l'execution on peult faire & parfaire le procés, monstrer & iustifier que l'executé estoit coupable. Mais quand notoirement on ne mesprise pas seulement de punir vn grand & malheureux crime, & ne suffist de le laisser passer par soubs silence, comme fist le Peuple de Rome la mort de Scipion l'Afriquain de peur que Caius Gracchus en fust trouué coupable, ains qu'on y adiouste non point encores vne remission ou abolition, mais vne absolution toute pure & declaration d'innocence faicte sans congnoissance de cause, quel fard, quel deguisement peult on donner à actes si illegitimes? quelles acclamations ou exclamations plustost s'ensuyueroyent de là! mille detestations, mille imprecations & maledictions, qui affectent non point le Seigneur seul qui a esté si iniurieux & inique, mais tout le Royaume & le pays. Il nous fault doncques vser aussi en cest endroict d'vne caution & obseruation non pas à l'auenture moins diligente, que quand nous auons voulu sçauoir si à punir on pouuoit quelquefois laisser & omettre toutes les formes. Ce qu'il y aura de difference plus à noter, sera que l'inconuenient qui vient d'absouldre sans formalité quelconque, nous saisist & enuelope peu à peu: ou d'executer par mesme voye, il nous assumme & acable le plus souuent tout à coup. Nous distinguerons donc premierement aussi les Iuges subiects aux Loix d'auec le Prince & le Magistrat souuerain, soit le Peuple en Democratie, ou le Senat en Aristocratie ou Oligarchie. Secondement nous separerons l'interest du public d'auec l'interest particulier: & finalement nous considererons la qualité & le crime des accusez. quant au premier poinct, le Iuge inferieur & adstrainct à la Loy ne peult rien plus remettre en cecy de l'ordre & ordõnãce d'icelle, qu'à condãner ou executer. Ce sont actes qui apartiẽnent à la maiesté & auctorité du Prince ou de la Republique, q̃ leur ministre ne sçauroit vsurper sãs la blesser & violer luy mesmes. La raisõ pour laquelle telle puissãce ne doibt apartenir qu'au Prince, est, par ce qu'il n'est point subiect aux Loix sinon d'autant que pour viure entre ses subiects seurement, il s'y rend & doibt rendre subiect & participant. Secondement, par ce qu'il est moins estrange que celuy là seul vse de ceste prerogatiue & preeminence d'absouldre sans formalité iudiciaire quand il se peult faire, lequel seul peult pardonner, & vser de grace & de misericorde. Mais disons vn mot en passant de ce que regulierement vn Prince peult & doibt guarder en cecy. car par ce moyen nous iugerons mieux des occurrences extraordinaires esquelles il peult amplifier & estandre plus fort ses priuileges. Le Prince a le pouuoir, & l'excellence de sa qualité le funde en cela, de donner la vie luy tout seul, de son mouuement, & sans aduis ne deliberation de aultre conseil que de luy mesmes. le contraire, de condamner & mettre à mort, il ne le peult & ne doibt faire sans conseil, & sinon que le proces ayt esté faict & parfaict comme prescriuent mesmes ses Loix. Car puis qu'il est veritable ce que dict Ciceron *pro Ligario, Homines ad Deos nulla re propius accedere quàm salutem hominibus dando*, il est bien seant que le Prince qui approche le plus de ceste diuinité, ayt luy seul ceste puissance, auctorité & faculté Diuine. mais aussi ne seroit il pas conuenable qu'il en eust plus que les Dieux: ce qui auiendroit si au contraire il pouuoit seul disposer & ordonner de la mort de ses citoyens. Car

Seneque au second liure de ses questions naturelles dict tres excellemment, que la foudre que Iupiter faict tumber luy tout seul, n'est pas nuisible: mais quād il y a appellé tous les Dieux, & que ç'a esté par leur conseil & aduys qu'il l'a enuoyé de la hault, c'est lors qu'il est pernicieux & dangereux. Et de cela il donne vn aduertissement aux Princes, que de profiter & donner vie ils le peuuēt bien faire de leur seule deliberation & volunté: car qui est celuy qui voudroit contredire à la douceur & humanité? mais de l'oster, non, sans l'aduis & iugement de leur cōseil. Que si ceste auctorité prophane est merueilleusement belle, que dirons nous du quatre & cinquiesme Concile tenu à Tolete, où tous les Euesques & Estats d'Hespagne apres auoir chacé leur Roy Semithilanus pour ses cruautez & iniustices, & éleu Roy en son lieu Siscnandus, ils stipulent de luy nommément, & le font iurer & promettre solennellement tant pour luy que pour ses successeurs Roys, que où il sera question de donner iugemēt de mort, il ne le pourra faire luy seul, mais par l'aduis de tous les sages, & l'accusé ouy & conuaincu celon les Loix? quāt à pardonner ou absouldre, ils remirēt cela nommément à luy seul pour en faire comme d'vn priuilege special & particulier qui n'apartient qu'à la Couronne. Et veritablement l'estre clement & misericordieux, c'est à quoy on remarque les Roys, leurs droicts & actes de souueraineté & de principauté, non pas à punir & estre seuere, pourtant à leurs entrées où ils obseruent le plus ce qui est pour faire preuue de leur souueraine & extreme puissance, ils mettent les prisonniers hors des prisons, leur donnent grace, pardons & remissions, iugeans que c'est l'acte le plus Royal, & qu'ils ont moins commun auec les communs hommes. mais neãtmoins le Prince vsant de ceste auctorité, fault qu'il obserue trois choses. La premiere, que en gratifiant à l'vn, il ne face tort & iniure à l'autre. c'est pourquoy nous auons dict qu'il falloit pareillement distinguer l'interest public d'auec l'interest particulier. celuy qui gist en la discipline & vindicte publique, il le peult bien remettre: car c'est le sien. mais les reparations, pertes, despens, dommages & interests de la Partie ciuile, il ne le peult faire, & fault que pour cest interest particulier il laisse courir la fortune à l'accusé, ou que luymesmes de son fisc recompance au double la partie blecée & offencée comme dict est. La seconde, qu'il n'vse pas de ceste extreme puissance (car nous ne parlons point icy des graces & remissions ordinaires que les Princes laissent eux-mesmes en congnoissance de cause) auparauant que le proces ayt esté faict & parfaict, congneu & decidé de l'innocence ou de la charge du prisonnier. mais doibt escripre & mander aux Iuges qu'ils facent leur charge. s'ils le trouuent sans faulte, qu'ils le declarent ainsi: s'ils le trouuent coupable, qu'ils attendent à pronuncer leur iugement, ou en sursoient l'effaict & execution iusques à ce qu'il sçache que c'est. Car en ce faisant il ne corrompt point la Iustice, & luy laisse son cours : & d'aultre costé il vse de la clemence qui luy est propre. Arbaces le Medien le fist ainsi à Belesis le Pontife preuenu & accusé de Peculat, dict Diodore au second liure. Si le Prince le pratiquoit aultrement, ny l'accusé qui n'auroit encores esté attaint ne conuaincu, n'estimeroit pas que ce fust grace qu'on luy eust faicte : & si le Prince ne pourroit dire qu'il eust vsé de douceur & de clemence tant que lon reuoqueroit en doubte si l'accusé estoit coulpable ou non coulpable: ains pour ce beau nom de humain & pitoiable, il emporteroit ceste reproche d'auoir gasté & violenté la Iustice. Si bien que nous voulons dire, que ores que le Prince puisse remettre la peine & exercer misericorde, il ne peult pas neantmoins à bien parler absouldre sans forme ne figure de procés. Car absolution ne peult estre qu'auec congnoissance de cause. Abolition c'est aultre chose. Le troisiesme que doibt le Prince garder & obseruer en vsant de la puissance dont nous parlõs, est de n'en vser pas fort souuẽt, ny à l'endroit de personnes qui, ostée la faulte qu'ils ont commise, n'ont d'ailleurs recõmandation quelcõque pour les sauuer. Car s'il le faisoit aultrement, & comme pour vne montre & ostentation seule de sa puissance, on impureroit cela à vn mespris & cõtemnement de toute vertu & bonnes meurs. Suetone escript du premier

Empereur Auguste qu'il ne retira iamais des mains de la Iustice qu'vn seul homme accusé & si ne l'en osta pas de force, mais par priere & intercession ayãt faict auec l'accusateur qu'il se deporta par amitié de sa demande & accusation qu'il poursuiuoit. Nous sçauons bien que beaucoup de Princes s'en font acroire, & qu'ils en ont vsé & vsent biẽ plus à leur aduãtage: mais nous parlons de ce qu'ils doibuent faire & de ce que les gens de bien leur doibuent conseiller & persuader pour leur honneur & asseurance de leur estat: non pas de ce qu'ils peuuent ou veulent faire. Reuenons maintenant aux exceptions & faicts particuliers où nous trouuons que sans congnoissance de cause on a absoult & enuoyé les accusez. Cela c'est faict en deux cas, l'vn considerée la bonne vie, fame & renommée tresexcellẽte du personnage qu'on veult blasmer, l'autre, quand au contraire il est tel, tant coupable soit il, qu'il seroit impossible de le punir, ny executer soit au parauant le proces ou apres: il est expediẽt lors de les absouldre tout sus le champ, & proceder incontinent à la declaration de leur innocence: aux vns, par ce qu'ils sont veritablement innocens, & y auroit danger de les irriter que de les faire passer par les estats & conditions miserables des accusez; aux aultres, par ce que où la seuerité ne peult rien la conniuance & dissimulation y est meilleure. Quant au premier point, il semble que Ciceron *pro Roßio Comœdo*, en rend raison par vne similitude bien conuenable, que comme le feu s'estaint tout aussi tost qu'il est ietté en grand eau, aussi le crime que l'on met sus à l'homme qui a tousiours vescu tres-sainctemẽt & vertueusement, s'euanouist incontinant, s'estouse & abolist de luy mesmes. Et pourquoy est-ce que cest heur & cest honneur n'arriua il quelque fois, veu qu'en la seule face de quelques hõmes & femmes se list des la premiere rencontre vne façon & contenance si venerable qu'on n'oseroit porter parole en leur endroit de chose qui fust aultremẽt que chaste & tres-honneste: comme il se dict de Philopemen, que iamais il ne se trouua personne qui voulust prendre la hardiesse de luy bailler & presenter argent pour le corrompre. Ainsi y a il des gens d'vne si rare vertu & modestie, d'vne telle majesté & amplitude, que ne le crime, ne l'opinion d'iceluy ne peult prendre pied ny racine sus eux. Quand Pericles presenta son compte au peuple d'Athenes touchant la guerre Pelloponnesiaque qu'il auoit maniee, le Peuple pour la grãde fiance qu'il auoit en luy, ne le voulut voir ne examiner. A Rome Quintus Metellus Numidicus fut accusé d'auoir mal versé en l'administration & gouuernemẽt de sa Prouince, & comme ses aduersaires allassent parmy le peuple monstrans & exhibãs les papiers mesmes de Numidicus: tout le Peuple torna la teste & n'y voulut rien lire ne voir, prenant ferme argument qu'il en estoit reuenu les mains nettes non par ses registres & papiers iournaux, mais par la droite vie & bonnes meurs qu'il auoit tousiours congneu en luy: & sans parfundir aultrement l'accusation il fut absoult & renuoyé libre. Quant à Marcus Scaurus, il fut accusé par vn Tribun du peuple, nommé Varius, homme aultrement de peu d'estime & de valeur, d'auoir pris de l'argent du Roy Mithridates pour trahir & vendre la Republique. Scaurus quand il fut deuant le Peuple au lieu d'entrer en iustification & de respondre aux accusations de ce Tribun, il commança à dire, Varius maict en faict que Marcus Scaurus a touché aux deniers de Mithridates pour faire vn mauuais seruice à son Pays: Æmilius Scaurus dict qu'il n'en est rien: auquel (Messieurs) adioustez vous foy le plus tost? Le Peuple comme si de ceste seule parole il fust reuenu d'vn long sommeil durant lequel il ne prenoit pas garde quel grand homme de bien estoit ce Marcus Scaurus, & Varius au contraire, de peu de façon & d'estime, r'enuoya Scaurus auec honneur & louange sans aultre procés ny procedure. Marcellus, celuy lequel montra le premier que Annibal n'estoit pas inuincible, fut deferé deuant le Peuple que de propos deliberé & industrieusement il tiroit la guerre Punique en longueur, & estoit cause que ia dix ans y auoit qu'Annibal faisoit seiour en Italie. Que fist Marcellus? sans respondre aux charges, & mesprisant se iustifier de chose dont sa vertu & preudhommie respondoit elle seule, commança à discourir de ses gestes & vaillantises contre Annibal depuys qu'il estoit venu en Italie, & rembarra son Tribun du Peuple se haulouant & magnifiant luy-mesme si à bon droict & iuste tiltre que homme ne le pouuoit trouuer mauuais, que sans entrer au fons de l'accusation, le Peuple meit le tout au neant, & des le landemain le fist Consul pour retorner faire la guerre à Annibal auec plus d'honneur, plus de puissance, & d'auctorité que deuant. Que dirons nous du Grand Scipion l'Afriquain? il auoit esté pareillement accusé d'auoir pris & manié de l'argent du Roy Antiochus pour luy faire meilleure composition de la paix. il compare au iour deuant le Peuple: & par ce que de fortune l'assignation tumboit à mesme iour qu'il auoit en bataille rengée deconfit Annibal & les Carthaginois en Afrique, au lieu de respondre à ce dont on le chargeoit, il se maict à racompter ses louanges de pareille grauité & magnificence que il traittoit toutes aultres choses, & plus tost que d'ouir des cauillations & impostures contre tels personnages que luy, donna conseil & aduys au Peuple d'aller de ce pas apres luy: ce qu'il fist, & les mena tous au Capitole rendre graces aux Dieux des victoires qu'il auoit eues soubs sa cōduite. Et cōme les Tribūs pour n'interpreter pas à absolution ceste action & discession du Peuple si honnorable, eussent continué l'assignation à aultre iour, pendant laquelle Scipion se fust retiré aux champs, & luy voulussent ces Tribuns faire & parfaire son proces par cõtumace: Sempronius Gracchus, vn de leurs Collegues, se interposa, lequel iaçoit que d'ailleurs il portast vne dent à Scipion, dist & prononça publiquement qu'il ne permetteroit qu'on luy fist son proces tant qu'il seroit absent de la Ville, & encores qu'il luy pleust y retorner, ne permetteroit que la Republique eust ceste honte de voir Scipion descendu en bas au ranc, place & en l'habit des accusez, luy qu'elle auoit si souuent veu triompher, & en la personne duquel se representoit la plus-part de la splendeur, majesté & auctorité d'elle mesme. dont Sempronius fut loüé de tout le monde, & remercié du Senat. Plutarque semble en reciter autant de Timoleon deferé deuãt les Syracusains par Laphystius & Demenetus, que les Syracusains sans luy mesmes voulurent punir pour auoir esté si impudans d'ouurir la bouche pour l'accuser. O que ces exemples là sont bien plus gratieux & magnifiques que les premiers! Si est le printẽps & l'esté plus ioyeux & delectable que le frileux & pluuieux hiuer. Toutefois autant est necessaire vne saison que l'autre. La rigueur & seuerité aussi n'est pas quelque fois moins requise, que la douceur: iaçoit qu'il y ayt de la seuerité & constance pareillement à garder l'innocence d'vn accusé, qu'à le punir tant grand & notable soit il. mais par tout il faut vser de moderation, & considerer les temps & les occasions. Car de reietter aussi toutes accusations soubs pretexte d'vne bonne bõne opiniõ qu'õ a cõceue d'vn persõnage, & fermer la bouche aux delateurs, seroit d'vn aultre costé faire place à l'vsurpatiõ & Tyrannie. C'est pourquoy le bon Caton tant Iuste fust il, fut cinquante fois accusé, les accusatiõs receues, & que autant de fois il fut absoult. Mais comme nous auons dict & faict paroistre par exemples, il arriue par fois des natures si excellentes, si ornées d'aultres vertus oultre vne abstinence & bonté naifue, que comme l'œil ne peult souffrir paille ne ordure aucune: aussi leur vie, charge ne suspition quelconque. Or pour vray dire, telles absolutions se doiuẽt plustost raporter à vn bõ heur & felicité, ainsi que respõdit Demosthene à Cephalus en l'oraison *pro Corona*, que d'en penser tirer quelque regle & maxime certaine: combien q̃ la rarité des Metelles, des Scaures, des Scipions en seroit plustost cause, q̃ l'incertitude & insuffisance de l'Art. Venõs au secõd poinct des absolutions faictes sans forme ne figure de proces. Celles cy nous les raporterons à la necessité & vtilité, cõsequẽment de ceste part elles serõt aussi biẽ fundées en equité & iustice cõme les aultres. Car en premier lieu, si l'accusé est tel qu'il soit fort dãgereux de le tenir lõguemẽt en procés, & finalement impossible de le punir s'il est coupable, n'est il pas biẽ pl' expediẽt de ne l'accuser point du tout (cõme disoit Caton en Tite Liue quãd il traicte de la Loy *Oppia*) ou d'autãt que l'accusatiõ est de faict, & procede le plus souuẽt de cholere ou iuste douleur, de l'abolir si tost qu'elle est formée, &, qui plus est, flater & adoucir cest accusé par vne absolutiō & declaration la plus honorable qu'il sera possible? N'y a il pas des malades ausquels il n'est pas expedient de dire qu'ils sont malades? & gens de telle humeur & cōplexion q̃ tāt qu'ils estimēt leurs faultes secrettes ils se contiennēt modestement, & ne voudroyēt pas estre veus & cogneus tels qu'ils sōt: lesq̃ls par apres se debordēt & laissēt aller tout à bō esciāt quād ils voyēt qu'ils sont descouuerts, & q̃lque bōne mine qu'ils puissent pl' faire, qu'ō les a tousiours en estime de gens mauuais & dāgereux? tout ainsi q̃ la femme q̃ a forfaict à sō hōneur, deuiēt effrōtée & debauchée tout a faict quād elle se voit monstrée au doigt de ses voisines. Qu'est il donc de merueille si le sage & prudēt Iuge faict cōme le rusé Capitaine qui viēt au deuāt par derriere, & l'ennemy qu'il ne peult auoir de front l'a par les flancs: aussi qu'il ayt celuy de ses subiects qui ne peult chastier, par tiltres, loyers, & recōmandations honorables? non pas certes en le prisāt d'auoir failly, mais feignāt de croire & estimer de luy qu'il ne voudroit pas iamais auoir faict faulte: ainsi qu'obserua tressagemēt Aristides, q̃ assopit la cōspiration de beaucoup des pl' grās de ses citoyēs lors qu'ils debuoyēt aller cōbatre Mardonius, quād il tira de prisō to' ceux q̃ en estoyēt accusez, en leur disāt qu'il s'asseuroit qu'ils auoyēt esté faucement acousez, & qu'ils le mōrreroyent ainsi to' par effect en la bataille. Cicerō & les Romains firēt biē pl', car iaçoit q̃ Marc' Crassus & Iule Cesar fussent aucunemēt de la cōiuration de

Catilina, toutefois affin q̃ ceste opinió ne fist leuer la teste à plusieurs en oyãt dire q̃ deux si puissãs persónages fussent de la factió: & móstrer cóbien il estoit expediét de ne les offencer pas, ains faire croire à tout le peuple qu'il n'en estoit rien: firét pl⁹ q̃ d'en absoudre Crass⁹ & Iule Cesar. car ils condãnerent oultre celà Lucius Tarquini⁹ & Luci⁹ Vectius pour auoir esté si temeraires de les en auoir deferez & accusez. Nostre histoire Françoise a q̃lque chose aprochant de cecy, quãd du regne de Charle sixiesme le Duc de Bourgógne fist tuer à Paris le Duc d'Orleãs, & q̃ pour péser euiter aux guerres, le Duc de Bourgógne fut par lettres patẽtes & sãs entrer en iustificatió iustifié de ce meurtre. Pour le faire brief, de ceste boutique partent & fluent les Abolitiós generales, les Loix d'Amnistie, les declaratiós d'innocẽce, le *institiũ* des Romains, la cassation & reuocation des sentẽses & iugemẽs, cóme de celuy qui auoit esté dóné à Rome à l'encótre de Coriolanus, à Athenes cótre Alcibiades, & tels aultres actes qui se font par vn traicté de paix, & pour vn biẽ public, desquels il ne fault mesurer & cósiderer la raisó & Iustice sinon au poix de l'vtilité & necessité, qui sont, comme dict le Poëte, les meres de Droict & Equité. Qui doubte qu'en pensant faire Iustice, & declarer rebelles Marius, Cornelius Cinna, Iule Cesar, Antoine, Lepidus, & Dolabella, on fist vne playe à la Republique plus grande, que qui les eust assouuy d'honneurs & de biens comme ils demandoyent?

Tout ainsi qu'il y a des corps qui ne peuuent souffrir & recepuoir de remede, aussi il se preséte des faultes, principalement celles qui viennét d'ambitiõ & ialousie de cõmander, qui ne sçauroyét patir ne endurer qu'õ les chastie. parquoy il les vault mieux chatouiller, qu'irriter. Secondemét il se trouue des crimes qu'il fault oublier & ne voir point, ou les purger & diuertir en sorte qu'il n'en demeure tache ne cicatrice quelcõque, non tant pour la qualité du faict, ou impossibilité d'en pouuoir faire aultrement Iustice, cõme pour la dignité & reuerance de l'accusé, telle qu'est celle des Papes, des Roys, des Empereurs & aultres Princes qui ne recongnoissent qu'eux mesmes. Car de ceux qui sont aucunement subiects, nous n'é parlõs point maintenát. Ils se peuuent traicter comme subiects, puis qu'ils recongnoissét aultruy: sinõ qu'õ porte cest hõneur au sang Royal de ne l'epandre iamais. Mais ceux là, quãd ils veulét paroistre iustes & legitimes, cõbié qu'ils soyét au dessus de la Loy, ce neátmoins ils veulét qu'õ pése d'eux qu'ils viuét celõ icelle. pour ceste occasiõ ils se submettét eux mesmes à iustifier leur hõneur, ou à faire satisfactiõ & recõpance de ce qu'ils peuuent auoir cõmis. S'ils faisoyent aultrement, on ne les y pourroit pas contraindre par force, mais ils ne feroyent rien pour eux, & à la lõgue se mettroyent au hazard d'estre chacez de leur Royaume. Or par ce que le Prince n'a persõne par dessus luy qui puisse cõgnoistre de luy & de ses causes cõme superieur, il a esté necessaire d'admettre & recepuoir que le Roy fust Iuge en sa cause propre. & Xenophō au troisiesme liure de l'institutiō de Cyrus, en rend vne aultre raison, que puis que Dieu luy a dōné ceste puissance d'ordōner & disposer de toutes choses sans forme ne figure de procés, on ne doibt pas trouuer estrāge qu'il iuge luy mesmes en sō faict & en sa cause. Quintilien au quatriesme liure de ses Rhetoriques en dict autāt. Mais quoy? les peres anciēnemēt s'ils auoyēt esté offécez par leurs enfans, les maistres par leurs seruiteurs, le mary par la fēme, estoyēt biē Iuges & parties tout ensemble, & le Dictateur aussi iugeoit & accusoit son Cōnestable. Il est biē vray que cōme les ROYS pronuncent eux mesmes, ou leurs Iuges & officiers au nom des Roys (c'est le Roy qui parle és arrests des cours souueraines) pour garder & entretenir ceste maiesté & auctorité qui seroit violée si en leur cause ou de leur Procureur General, vn aultre parloit en Iuge qu'eux mesmes: que pour garder aussi la ciuilité & hōnesteté qui est requise, ils pronūcent & dōnent leurs iugemens nō pas de leur teste seule, mais par conseil & aduis de leurs Officiers ausquels ils se submettent pour ce regard. car ceste submission là est honorable: si c'est submissiō toutefois q̄ croire & suiure cōseil. Or il y a moins de doubte en celà s'il n'est questiō que des biēs: mais s'il y va du crime, c'est ce que nous demādons icy principalement, & plus encore si le Prince tient lieu & rāc d'accusé que d'accusateur. Car si cest luy qui est offēcé, il n'y a rien d'absurde, par les raisōs que nous auōs dictes, qu'il y preside luy mesmes: ou, pour montrer plus d'equité & de modestie, il laissera faire à ses Officiers comme obserua Alexãdre le Grãd quãd on fist le proces à Philotas. combien (dict Quinte Curce) q̃ les Roys de Macedoine eussent accoustumé de presider en leur cause, il se retira & laissa faire son peuple. Mais si c'est le Prince mesme qu'õ pretẽde auoir failly, ou c'est à l'ẽdroit d'vn sien subiect, ou d'vn estrãger. & de rechef en l'vn & en l'aultre cas, où le Prince nye le faict ou le cõfesse. s'il le cõfesse, & q̃ soit sõ subiect qu'il a blecé, c'est à luy à faire telle & si hõneste satisfactiõ & recompance à son vassal, ou à sa veufue & heritiers qu'il auisera le mieux, cõme fist le Roy Clotaire pour l'homicide par luy cõmis en la persõne de Gaultier d'Iuetot son Chãbellan. De procés, ny procedure, il ne s'ẽ peult ny doibt faire aucunemẽt: si ce n'estoit qu'õ le fist à celuy mesmes qui a receu l'iniure & le forfaict, pour luy donner & assigner le tort, ainsi qu'il est quelquefois necessaire affin de sauuer l'honneur du Prince, & preuenir à la melancholie ou maladie qu'il en pourroit prendre. C'est pourquoy il est memorable ce q̃ les Macedoniẽs pratiquerẽt à l'ẽdroit de Alexãdre le Grãd duquel no⁹ parliõs tout maintenãt. Il auoit tué en soupãt Clytus, celuy qu'il aimoit le mieux, pour vne parolle dicte trop priuemẽt. Alexãdre en cõceut vne honte si grande; & fascherie si extreme, qu'il en fut tresgriefuemẽt malade: & ne sçauoit on quel remede ne quelle cõsolatiõ y dõner: sinõ q̃ à la parfin tous les Estats s'assẽblerent, firẽt le procés à Clytus apres sa mort: iugerẽt & pronũcerent q̃ Alexādre l'auoit tué iustement & à bon droict, pour les raisons & cōsiderations que touche Plutarque. Celà le ramena à coualescence. Voila encores cōme és iugemēs il y a quelquefois ie ne sçay quoy tout aultre que ce qu'ils semblēt dicter & pronūcer: de sorte que la Religiō n'a point toute seule ses mysteres: la Iustice les a pareillement. Et si l'vne & l'aultre peuuēt bien se rencōtrer aucunefois en cecy, de prester & accōmoder leur nō, leur functiō, faculté & auctorité pour seruir directemēt ou obliquement au bien public. Car, si ce n'est que soit veritablemēt vn miracle, il sēble que sainct Gilles vsa à l'ēdroict de Charlemagne d'vn traict aussi prudēt & auisé que les Macedoniēs. Ce bō Roy & Empereur auoit commis vn peché si grief & si enorme qu'il ne l'osoit dire ne confesser, & desesperoit aucunement que Dieu le luy voulust pardonner. à ceste occasion il pallissoit & maigrissoit tousiours ne se pouuāt resiouir. Ce bon Sainct Pere luy vint à dire qu'il eust desormais bon courage, & qu'en celebrant la Messe vn Ange luy auoit apparu, lequel luy auoit reuelé que ce peché (les aucuns ont escript que c'estoit inceste *cum sorore*) luy estoit remis, & luy en monstra la quittance que l'Ange luy auoit baillée. Entrons au second poinct. Si les Princes ne confessent le faict, & que ce soit à l'endroit de quelque grand & puissant personnage estranger, ou allié qu'ils ayent failly, ie trouue que la forme qu'ils ont gardée pour s'en absouldre eux mesmes, a esté de s'en purger & iustifier par sermẽt sãs aultre procedure ne solennité que celle là. Il fut ainsi pratiqué en la persõne de Hẽry Roy d'Angleterre pour se purger vers le Pape Alexandre troisiesme de la mort de Sainct Thomas Archeuesque de Cãtorbie: en la persõne du Roy Charles septiesme qu'õ accusoit d'auoir tué ou faict tuer le Duc de Bourgõgne, cõme il est raporté mesmes au Concile de Basle. Et semble que ceste solénité fut prise de la façõ qu'a eu l'Eglise de proceder cõtre les Papes. Car ayãt esté premieremẽt defini au Concile tenu à Rome du temps de Domitien l'Empereur, lors qu'õ accusa le Pape Marcellinus d'auoir encencé & sacrifié aux Idoles, qu'il n'y auoit hõme en ce monde par dessus le Pape pour le iuger (ce que tous les Cõciles ont perpetuellement suiuy depuis iusques à ceux de Constance & de Basle, esquels on cõmença pour les scismes & Antipapes qui estoyent en l'Eglise, & par les factiõs des Roys & Empereurs, à disputer si le Cõcile estoit par dessus luy) ceste maniere fut pratiquée, qu'en pleine assemblée de leur Clergé, le Pape se purgeroit par serment de ce dõt on le vouloit taxer. S'il le cõfessoit veritable, il se deposoit luymesme de son Põtifical: s'il en faisoit denegatiõ, il se prõnuçoit innocẽt. Il en fut ainsi vsé en ce Marcellinus, q depuis mourut Martyr: au Pape Sixte sous Valẽtinien, qu'vn Bassus accusoit d'impudicité: en Symmachus du tẽps d'Anastase & Theodoric, que Festus & Probinus deferoient d'aultres crimes, ainsi que recite Ennodius Diacre de l'Eglise de Rome: & en la personne de Leõ troisiesme presẽt l'Empereur Charlemagne, ce dict Platine. Et veritablement pourquoy ne metterons nous en pareil ranc ce qui est sans tesmoignage, où, nonobstant toute preuue impossible à executer: q si celuylà se decide par iuremẽt, pourquoy de l'aultre n'en admetterõs nous bien le semblable? Or il est certainemẽt impossible, y procedãt par voye de droit, de faire le procés à vn Prince souuerain. La majesté du lieu qu'il tient y resiste formellement. Car si nous prenons tous ceux q sont par dessouz luy cõme subiects, les subiects feront ils le procés à leur Seigneur? si nous les prenons cõme enfans, les enfans iugerõt & presiderõt ils par dess⁹ leur pere? Et si les Estats d'vn Royaume vouloient dire des Roys ce que ces deux modernes Cõciles ont soustenu des Papes par tẽps de trouble, en quel estat seroit le Prince durant que l'accusation s'instruiroit? poseroit-il cepẽdant sa courõne, son sceptre, ses habillemẽs Royaux? cõmanderoit-il durant ce temps là, ou s'il tiendroit lieu d'homme priué & particulier? La cõdition de ceste societé humaine veult qu'il y ayt telle police & gouuernemẽt en ce monde, que comme les Anciens establirent vn Dieu par sus les aultres qui tenãt la foudre & le *Fatum* en sa main, n'estoit contable à aultre quelconque: aussi qu'entre les hõmes y en ayt de reseruez ou exemptz de toute iurisdictiõ & cõgnoissance de cause, nõ pour l'amour d'eux mesmes, mais pour l'aise & le repos de ceux qu'ils ont en garde, lesquels tũberoyent facilement en desordre, seditiõ & emotiõ Populaire qui admetteroit les accusations & denigremẽs de leur Seigneur. & iamais aultremẽt n'y auroit fin. Ie ne veux pas dire pourtant que toutes choſes illicites & deshonneſtes luy ſoient permiſes, ne par le diſcours que nous faiſõs, nous ne pẽſons rien moins que d'eſtablir ou excuſer la Tyrãnie. car on ſçait biẽ quelle vẽgeance & punition diuine ſuyt de pres ceux qui ſe tranſportent & oublient tellement. Ils ont bel exemple en Tarquin le Superbe, en Nero, & pluſieurs aultres. & quand Philippe de Cõmine vſe de ces termes, Qui eſt-ce qui fera l'information des Grãs? qui l'aportera au Iuge? qui ſera le Iuge qui les punira? il infere biẽ par apres, que la plainte & la clameur du Peuple, ce ſont les informations: & Dieu, le plus grand & puiſſant Iuge. Mais nous parlons des Princes d'ailleurs iuſtes & legitimes, leſquels comme hõmes qu'ils ſont, viennẽt à faillir ou faire faulte ainſi qu'vn moindre: & diſons que ſi le ſcandale venoit à eſtre ſi grãd pour cela qu'il y euſt crainte de rebelliõ ou ſeditiõ à la longue ou ſus le chãp, & que le Prince pour l'euiter fut conſeillé d'entrer en quelque forme de iuſtification ou ſatisfaction, la maniere que nous auõs recitée cy deſſus ſ'y pourroit garder & obſeruer commodément. Car iaçoit que les Eueſques ayẽt voulu entreprendre quelque puiſſãce & auctorité par deſſus les Roys & Empereurs, c'eſt plus toſt que les Princes ſ'y ſõt ſubmis pour la perſuaſion & aſſeurãce qu'ils auoiẽt & fault qu'ils ayent de la Religion, que pour reſſort ne iuriſdiction qu'ils euſſent par deſſus eux. Et de faict ſ'ils ont voulu ſ'en diſpẽſer, leurs cẽſures& interdictiõs n'ont pas eu grãde puissãce eu egard à ce gouuernement politique(car nous ne traictons point icy de ce qui touche la Theologie & l'autre monde)de maniere que Benoist fut estimé pl⁹ sage & plus auisé que Boniface sõ deuancier,lequel auoit excõmunié Philippe le Bel Roy de Frãce;car luy voyãt qu'il n'en faisoit cõte,quãd il fut venu au Papat,aima mieux l'en dispancer.Ainsi voila des cas particuliers où l'absolution est plus requise quãd la cõdemnation est frustratoire.Or s'il s'ensuit ou non q̃ si telles absolutions faictes sans forme ne figure de procés sont valables,les cõdemnatiõs ou executiõs faictes à patron,le soient aussi,nous en raportons à ce qu'vn chacun en voudra croire : tant y a que pour conclure ce premier discours,nous dirons ce que nous auons desia dict,mais en passãt , cõbien que telles manieres de proceder se puissent aucunement soustenir quãd elles sont faictes , q̃ toutefois à grãde peine succede il iamais bien de s'en aider. Car c'est comme d'vne medicine trop forte:elle garist,mais elle gaste le corps.c'est comme vn cousteau trãchãt des deux costez:de quelque endroict qu'on le prenne il offence son homme.ce sont pareils remedes que les imprecatiõs & maledictions ausquelles Attei⁹ Capito le tribun du Peuple eut recours à la porte de Rome pour pẽser destourner Marc⁹ Crassus de son expedition contre les Parthes:qui estoient de telle efficace qu'il n'en auenoit iamais bien ne à celuy qui s'en estoit aidé, ne à celuy cõtre lequel on en vsoit.La raison est, qu'en telles executiõs faictes ſans cõgnoiſſance de cauſe, il y a perpetuellemẽt ce malheur, que ſi vous y entremeſlez de la douceur, vn Antonius qu'on aura relaiſſé, vn parẽt, vn amy, releuera la factiõ plus qu'elle n'eſtoit, & vangera ce qui ſ'eſt faict quelque bon viſage & bonne mine qu'il face. D'autre coſté, ſi indifferẽmẽt on eſt ſeuere & ſans clemence, il eſt biẽ difficile qu'on ne paſſe les bornes, & qu'õ ne viẽne à toucher ou à quelques vns qui n'en pouuoiẽt mais, ou leſquels n'eſtoient de la qualité de les punir de ceſte ſorte: ce qui engẽdre, par vne opiniõ de cruauté & d'iniuſtice qu'on ne peult euiter en ce cas, vn incõuenient plus dangereux que le premier. Et puis il eſt ainſi de toutes extremitez. car finiſſant l'vne où finiſt l'autre, on tumbe facilement d'extremité en extremité q̃ n'a le pied merueilleuſement ferme & la vue bien aſſeurée, quand on ſe trouue porté & pouſſé iuſques au bort où il n'y a point de barriere qui no⁹ arreſte. Parquoy ſi on m'alloit demãdant q̃'c'eſt q̃ ie voudrois en cecy cõſeiller à vn bon & naturel Prince (nous auõs pluſieurs fois dict & proteſté que nous ne parlons point des aultres) ie luy cõſeillerois d'vſer de preuoyance, & de ſe dõner bien de garde de tumber en telles perplexitez. S'il y eſtoit tumbé, ie luy metterois deuant les yeux ce que dict Dionyſius Halicarnaſſeus en ſon huictieſme liure, de ceux qui ont puny les enfãs pour les faultes des peres. Car combiẽ (ce dict-il) que telles punitiõs ayent quelque raiſon pollitique, exemple & imitation des Loix Grecques & Macedoniẽnes, toutefois on a veu par experience q̃

Dieu n'a iamais dõné d'efans, à ceux q ont tué & executé les enfans apres le pere. Ie luy remõstrerois ce que ont dict & escript tous les Anciens, q̃ la reuerance & majesté de ce seul nom de Pere est si grãde & si inuiolable, que quelque iuste & necessaire occasiõ q̃ le fils ayt peu auoir de mettre les mains au sang de celuy qui luy a donné la vie & l'estre, il n'arriuera oncques bien à vn ou deux de l'auoir faict. Ie luy ferois souuenir de ce qui est escript en l'histoire Françoise d'vn grand nombre d'ostages que les Liegeois auoient baillé au Duc de Bourgongne, & cõme que pour la contrauention qu'ils auoient faicte, le Duc meist en deliberatiõ s'il debuoit faire mourir ces ostages. Il est dict que le Seigneur de Contay en fut d'aduys. Et veritablement son opinion pouuoit estre fondée sus la Loy & condition generale de tous ostages : sus l'exẽple des Romains lesquels ayãs vaincu deux Colonies Latines, Cera & Pometia, ne pardonnerent pas iusques aux ostages qu'ils auoient d'eux: ny depuis au temps du Cõsulat d'Appius Claudi⁹ aux ostages des Volsces, cõme Halicarnasseus & Tite Liue recitent: & sus ce q̃ c'estoit encores afoiblir son ennemy d'aultant, & des plus riches & meilleures testes, tels q̃ sont ordinairement les ostages. Ce neantmoins telle opiniõ fut trouuée si cruelle & inhumaine, que tous les assistans coniecturerent de là, que Dieu ne le laisseroit pas en vie bien tost apres. & cela arriua dedans l'an. Tant est veritable ce que dict Plutarque en la vie de Camille, qu'il y a vn Dieu entre les autres duquel le propre office est de ne souffrir & permettre iamais que cruauté & inhumanité ne soit punie, sous quelque pretexte & occasiõ qu'on l'ayt commise. Consequament ie luy dirois qu'il eust bien à desirer de faillir pl⁹ tost à estre trop doux que trop seuere. Toutefois ce que nous auons mis en auãt des enfans & des ostages, s'est escript pour vne rigueur & cruauté exercée à l'endroit de personnes innocentes de soy. Mais pour le regard de ceux qui ont failly, & en la punition & coertion desquels il n'y a rien doubteux que la forme, il semble qu'on n'y deburoit pas si tost encourir l'opinion de cruauté & d'inhumanité, ny estre subiect à ces vangeãces & animaduersions diuines que nous recitiõs main tenãt. & pourtant combien qu'il soit arriué mal d'ailleurs à Opimius, à Seruilius Hala, à Scipion Nasica qui ont pratiqué ces executions trop sõmaires, & que Carbo ayt vãgé la mort des Gracches, Valere Maxime en son cinquiesme liure mect ce qui leur arriua entre les actes & iugemens procedez de vilennie & d'ingratitude. Parquoy pour nous resoudre, si c'estoit q̃ nous eussiõs à faire en vne Democratie ou Aristocratie, ie serois plus hardy de dõner aduis aux Magistrats qui seroient en leur charge, d'auiser plustost à la seurté & manutention du public, qu'à estre trop ceremonieux & reseruez à l'encontre de gens seditieux & rebelles. car quãd ceux là l'auroiẽt faict & executé, il ne s'ensuit pas que les Officiers qui y viendroient apres, fussent faciles à faire de mesme. & si seroit le Magistrat qui l'auroit faict, subiect apres son temps d'en rendre conte. Mais en vne Monarchie où il n'y a qu'vn seul qui cōman de, & qui ne mue point d'an en an, il est tres perilleux & d'vne consequāce trop pernitieuse & à craindre de donner ouuerture au Prince à mettre la main au sang contre les Loix & formalitez ordinaires. Ils s'en dispancent apres facilement. c'est pourquoy le Plutarque remarque fort bien en Alexādre le Grād, que le Conseil que les principaux de sa Cour luy dōnerent de faire tuer Parmenion sans forme ne figure de procés, & mesmes de proceder si rigoreusement à lencōtre de Philotas, & d'Harpalus, le rendit cruel & plus hardy vers Callisthenes, Menāder & Orsodates, & le fist deuenir generalemēt si terrible que Cleander craignoit ses statues encores aps sa mort. Qui faict que ie ne conseillerois iamais au Prince de punir sans procedure iudiciaire. Mais s'il estoit en telle extremité de sa persōnne, de son Estat, que tout fust en branle auecques luy, & que cela vint de son inuention & iugement de dire qu'il ne trouue remede aux affaires que celuy là, ie ne l'en deconseillerois pas, me souuenāt de ce que respondit Sextus Pompeius à Metrodorus, quand festoyant à son tour Auguste & Antoine sus Mer, Metrodorus luy demāda bas en l'oreille s'il couperoit les cordages des ancres; & s'il vouloit qu'il le fist seigneur nō seulemēt de Sicile & de Sardaigne, mais aussi de tout l'estat & empire de Rome: luy respōdit qu'il y a des choses q sont bonnes ia faictes, & ne valent rien à consulter. Or de n'oser se desueloper d'affaires de peur de retumber en d'aultres: c'est tout autant que qui en extreme foiblesse & defaillance de cœur ne voudroit prẽdre de vin de peur de quelque e-motion & inflãmation future. A mesure que les inconueniens arriuẽt, y s'en fault tirer le mieux qu'õ peult, & à quelque prix q̃ ce soit. *Nunquam periculũ sine periculo vincitur*, disoit anciẽnemẽt Publius en ses Mimes, tels que Baif nous a donnez en ce tẽps cy. Il est bien vray que ie luy retirerois la main incontinant, & l'aduertirois de faire en sorte qu'en son execution n'y apparust que iustice, point de cholere ny de vangeãce: ce qu'il obtiendroit en ne seuissant aux corps morts, en ne touchant à la vie, à l'honneur ny aux biens des pauures enfãs: en faisant tout incõtinant publier vn pardon & abolitiõ generale au menu peuple qui auroit failly plus tost par imitation & adueu des grãs, que de propensée & proposée malice & intention, & cõposant finalement les affaires en sorte qu'en tous Estats il n'aparust qu'vn bel ordre & reglement si vertueux, si raisonnable qu'il agreast à tout le monde. Et à tant est-ce suffisamẽt parlé des procés qui n'ont point de solẽnelle instruction. Nous y auõs faict à la maniere des Medecins & musiciens lesquels traictent par accidẽt que c'est que maladie & que faux ton, affin d'aprẽdre à entretenir mieux la santé, & à faire & congnoistre les bons acords. Venons dõc maintenãt à discourir tout au long de l'anciẽne, iuste & legitime instructiõ, apres auoir necessairemẽt traicté de celle, ou il y a du tort & de l'iniustice plus qu'autrement.

FIN

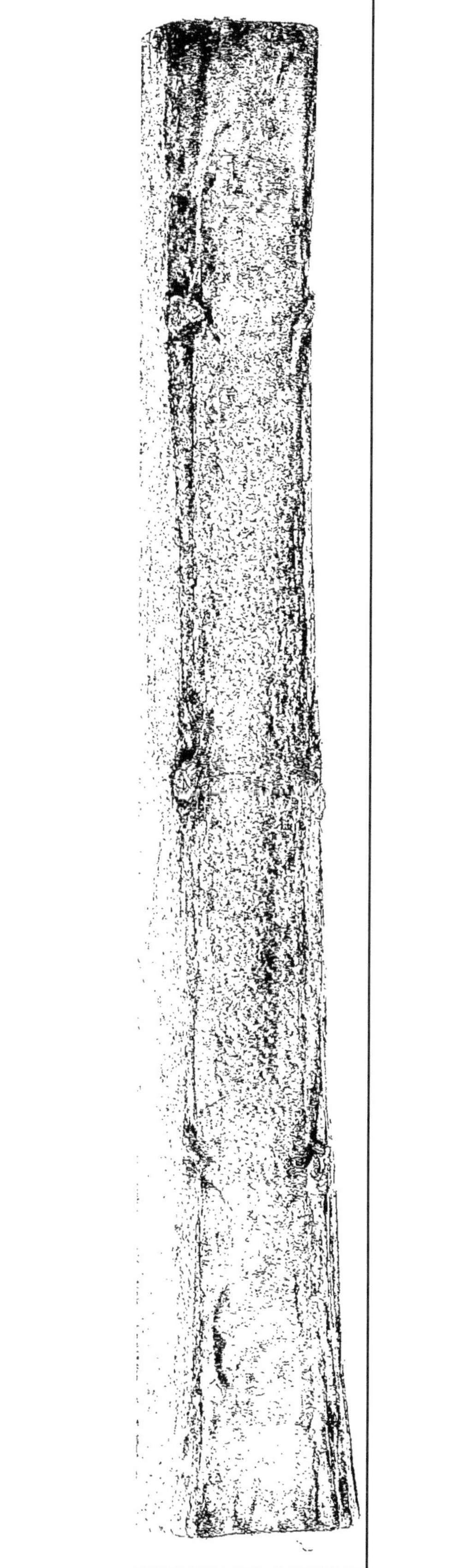

www.ingramcontent.com/pod-product-compliance
Ingram Content Group UK Ltd.
Pitfield, Milton Keynes, MK11 3LW, UK
UKHW020244250726
13967UKWH00004B/1518

9 782011 930378